Integración de los Drones en el Espacio Aéreo

Parte 1: Identifcación Remota y Vuelo Sobre Personas

Señor Hornero

CONTENIDO

Página del título
Introducción
Parte primera   1
Resumen Ejecutivo   3
Identificación remota de aeronaves no tripuladas   11
Requisitos operativos   14
para la identificación remota
Elementos del mensaje y requisitos mínimos de   27
rendimiento: Aeronaves no tripuladas de identificación
Elementos de mensaje y requisitos mínimos de   40
rendimiento: módulos de difusión de identificación remo
Preocupaciones por la privacidad   44
en la transmisión de información
de identificación remota
Áreas de identificación reconocidas por la ANAC (AIRA)   52
Medios de cumplimiento   61
Diseño y producción   69
de identificación remota
Registro   98
Aeronaves civiles no tripuladas registradas en el   104
extranjero operadas en Argentina
ADS-B Out y transpondedores   107

para identificación remota
Análisis ambiental — 109
Incentivos para el cumplimiento temprano — 111
Una declaración de la necesidad
y los objetivos de la regla — 114
Parte segunda — 117
Introducción — 118
Resumen Ejecutivo — 119
Operaciones sobre personas — 131
Operaciones de categoría 1 — 134
Operaciones de Categoría 2 y 3 — 138
Categoría 4: Operaciones basadas
en la aeronavegabilidad — 181
Operaciones sobre vehículos
en movimiento — 186
Operaciones de noche — 191
CE-VANT Prueba y entrenamiento
de conocimientos de piloto remoto — 197
Otras enmiendas al CE-VANT — 201
Fechas de vigencia y cumplimiento — 206
Una declaración de la necesidad
y los objetivos de la regla — 208
Declaración de cumplimiento
y medios de cumplimiento — 212
Instrucciones de funcionamiento del piloto remoto — 214
Etiquetado de aeronaves
no tripuladas — 215
Registros
de mantenimiento — 217
Epílogo — 219

INTRODUCCIÓN

Este libro es un proyecto de Señor Hornero (CE-VANT 8) El servicio de drones más seguro de Latinoamérica, un servicio profesional, seguro y legal.

El futuro cercano requiere la identificación remota de aeronaves no tripuladas. La identificación remota de aeronaves no tripuladas en el espacio aéreo de Argentina abordará las preocupaciones de seguridad, seguridad nacional y aplicación de la ley con respecto a una mayor integración de estas aeronaves en el espacio aéreo nacional, sentando las bases para permitir mayores capacidades operativas.

Esta regla establece requisitos para la identificación remota de aeronaves no tripuladas operadas en el espacio aéreo de Argentina. La identificación remota es la capacidad de una aeronave no tripulada en vuelo para proporcionar cierta información de identificación, ubicación y desempeño que las personas en tierra y otros usuarios del espacio aéreo pueden recibir. La identificación remota de aeronaves no tripuladas es necesaria para garantizar la seguridad pública y la seguridad y eficiencia del espacio aéreo de Argentina. La identificación remota proporciona conciencia del espacio aéreo a la ANAC, las agencias de seguridad nacional, las entidades encargadas de hacer cumplir la ley y otros funcionarios gubernamentales. La información se puede utilizar para distinguir a los usuarios del espacio aéreo que cumplen con las normas de aquellos que potencialmente representan un riesgo de seguridad o protección. La identificación remota será cada vez más importante a medida que aumente el número de operaciones de aeronaves no tripuladas en todas las clases de espacio aéreo nacional. Si bien la capacidad de identificación remota por sí sola no permitirá operaciones expandidas de rutina, como operaciones sobre personas o más allá de la línea visual, es el siguiente paso incremental hacia la habilitación de esas operaciones.

Las aeronaves no tripuladas que operan en el espacio aéreo nacional están sujetas a los requisitos operativos de esta regla, independientemente de si operan con fines recreativos o comerciales. La regla requiere que los operadores busquen una autorización especial para operar aeronaves no tripuladas sin identificación remota para investigación aeronáutica y otros propósitos limitados.

Las aeronaves no tripuladas producidas para operar en el espacio aéreo nacional están sujetas a los requisitos de producción de esta regla. Hay excepciones limitadas que permiten la producción de aeronaves no tripuladas sin identificación remota, que incluyen aeronaves no tripuladas de fabricación propia y aeronaves no tripuladas del gobierno argentino, entre otras.

"El concepto de sobrerregulación es realmente perjudicial para la seguridad, pero no es una excusa válida para no impulsar nuevas normativas que permitan la expansión de la industria de los drones"

PARTE PRIMERA
Identificación Remota

RESUMEN EJECUTIVO

Requisitos de identificación remota

Hay tres formas de cumplir con los requisitos operativos para identificación. La primera forma es operar una aeronave no tripulada de identificación remota estándar que transmita información de identificación, ubicación y rendimiento de la aeronave no tripulada y la estación de control. La segunda forma de cumplir es operando una aeronave no tripulada con un módulo de transmisión de identificación remota. El módulo de transmisión, que transmite información de identificación, ubicación y despegue, puede ser un dispositivo separado que se adjunta a una aeronave no tripulada, o una función incorporada en la aeronave. La tercera forma de cumplir permite la operación de aeronaves no tripuladas sin ningún equipo de identificación remota, donde el VANT se opera en áreas de identificación específicas reconocidas por la ANAC. Los requisitos para estos tres caminos hacia el cumplimiento se especifican en esta regla.

Excepto de acuerdo con los requisitos de esta regla, no se puede producir ninguna aeronave no tripulada para operar en el espacio aéreo de Argentina después de la publicación de esta norma y no se puede operar ninguna aeronave no tripulada. en el espacio aéreo nacional después de la publicación de esta norma.

1. Aeronaves no tripuladas de identificación remota estándar
   Las aeronaves no tripuladas de identificación remota estándar transmiten los elementos del mensaje de identificación remota directamente desde la aeronave no tripulada desde el despegue hasta el apagado. Los elementos de mensaje requeridos incluyen: (1) un identificador único

para establecer la identidad de la aeronave no tripulada; (2) una indicación de la latitud, longitud, altitud geométrica y velocidad de la aeronave no tripulada; (3) una indicación de la latitud, longitud y altitud geométrica de la estación de control; (4) una marca de tiempo; y (5) una indicación de estado de emergencia. Los operadores pueden elegir si usar el número de serie de la aeronave no tripulada o un ID de sesión (por ejemplo, una forma alternativa de identificación que brinda privacidad adicional al operador) como identificador único.

Una persona puede operar una aeronave no tripulada de identificación remota estándar solo si: (1) tiene un número de serie que figura en una declaración de cumplimiento aceptada por la ANAC; (2) su equipo de identificación remota es funcional y cumple con los requisitos de la regla desde el despegue hasta el apagado; (3) su equipo y funcionalidad de identificación remota no se han desactivado; y (4) el Certificado de Registro de Aeronave de la aeronave no tripulada utilizada en la operación debe incluir el número de serie de la aeronave no tripulada, según los requisitos aplicables, o se debe proporcionar el número de serie de la aeronave no tripulada al ANAC en un aviso de identificación antes de la operación.

2. Módulos de difusión de identificación remota

Una aeronave no tripulada puede equiparse con un módulo de transmisión de identificación remota que transmite elementos de mensaje desde el despegue hasta el apagado. Los elementos de mensaje requeridos incluyen: (1) el número de serie del módulo de transmisión asignado por el productor; (2) una indicación de la latitud, longitud, altitud geométrica y velocidad de la aeronave no tripulada; (3) una indicación de la latitud, longitud y altitud geométrica del lugar de despegue de la aeronave no tripulada; y (4) una marca de tiempo.

Las personas pueden operar una aeronave no tripulada

equipada con un módulo de transmisión de identificación remota solo si: (1) el módulo de transmisión de identificación remota cumple con los requisitos de esta regla; (2) el número de serie del módulo de transmisión de identificación remota figura en una declaración de cumplimiento aceptada por la ANAC; (3) el Certificado de Registro de Aeronave de la aeronave no tripulada utilizada en la operación incluye el número de serie del módulo de transmisión de identificación remota, o el número de serie de la aeronave no tripulada debe proporcionarse a la ANAC en un aviso de identificación antes de la operación; (4) desde el despegue hasta el apagado, el módulo de difusión de identificación remota transmite los elementos del mensaje de identificación remota desde la aeronave no tripulada; y (5) la persona que manipule los controles de vuelo del sistema de aeronave no tripulada debe poder ver la aeronave no tripulada en todo momento durante la operación.

3. Aeronaves no tripuladas sin equipo de identificación remota

    Esta regla requiere que todas las aeronaves no tripuladas que operan en el espacio aéreo de Argentina tengan capacidades de identificación remota, excepto como se describe a continuación.

    Tras la implementación completa de esta regla, la mayoría de las aeronaves no tripuladas deberán fabricarse como aeronaves no tripuladas de identificación remota estándar. Sin embargo, habrá algunas aeronaves no tripuladas (por ejemplo, aeronaves no tripuladas construidas en casa y aeronaves no tripuladas existentes producidas antes de la fecha de cumplimiento de los requisitos de producción de esta regla) que podrían no cumplir con los requisitos para aeronaves no tripuladas de identificación remota estándar.

    A menos que opere bajo una excepción a los requisitos operativos de identificación remota, una persona que opere una aeronave no tripulada sin identificación remota siempre debe operar dentro de la línea visual y dentro de un área de identificación reconocida por la ANAC.

Un área de identificación reconocida por la ANAC es un área geográfica definida donde las personas pueden operar VANT sin identificación remota, siempre que mantengan la línea de visión. Las personas elegibles para solicitar el establecimiento de áreas de identificación reconocidas por la ANAC incluyen organizaciones comunitarias reconocidas por la Administración e instituciones educativas, incluidas instituciones educativas primarias y secundarias, escuelas profesionales, colegios y universidades. La ANAC comenzará a aceptar solicitudes para áreas de identificación reconocidas por la ANAC el día que se publique oficialmente esta regla. La ANAC mantendrá una lista de áreas de identificación reconocidas por la ANAC en su página web.

4. Diseño y producción

Las aeronaves no tripuladas de identificación remota estándar y los módulos de transmisión de identificación remota deben diseñarse y producirse para cumplir con los requisitos de esta regla. La ANAC reconoce que la tecnología VANT está en continua evolución, por lo que es necesario armonizar las nuevas acciones regulatorias con los avances tecnológicos. Para promover esa armonización, la ANAC estará implementando requisitos basados en el desempeño para describir los resultados, metas y resultados deseados para la identificación remota sin establecer un medio o proceso específico que las entidades reguladas deben seguir. Una persona que diseñe o produzca una aeronave no tripulada de identificación remota estándar o un módulo de transmisión para operar en la Argentina debe demostrar que la aeronave no tripulada o el módulo de transmisión cumple con los requisitos de un medio de cumplimiento aceptado por la ANAC. Un medio de cumplimiento describe los métodos por los cuales la persona cumple con los requisitos basados en el desempeño para la identificación remota.

Según esta regla, cualquiera puede crear un medio de cumplimiento; sin embargo, la ANAC debe aceptar ese medio de cumplimiento antes de que pueda utilizarse para el diseño o producción de cualquier aeronave no tripulada de identificación remota estándar o módulo de transmisión de identificación remota. Una persona que busque la aceptación por parte de la ANAC de un medio de cumplimiento para aeronaves no tripuladas de identificación remota estándar o módulos de transmisión de identificación remota debe presentar los medios de cumplimiento a la ANAC. La ANAC revisa los medios de cumplimiento para determinar si cumple con los requisitos mínimos de desempeño e incluye los procedimientos de prueba y validación apropiados de acuerdo con la regla. Específicamente, la persona debe presentar una descripción detallada de los medios de cumplimiento, una justificación de cómo los medios de cumplimiento cumplen con los requisitos mínimos de desempeño de la regla y cualquier material de apoyo que la persona desee que la ANAC considere como parte de la solicitud. Los estándares de consenso aceptados por la ANAC son una forma, pero no la única, de demostrar el cumplimiento de los requisitos de desempeño de esta regla. En consecuencia, la ANAC alentará a los organismos de estándares de consenso a desarrollar medios de cumplimiento y enviarlos a la ANAC para su aceptación.

La ANAC indicará la aceptación de un medio de cumplimiento notificando al remitente de la aceptación del medio de cumplimiento propuesto. La ANAC también espera notificar al público que ha aceptado los medios de cumplimiento incluyéndolo en una lista de medios aceptados de cumplimiento en su página web. La ANAC no divulgará información comercialmente sensible de los medios de cumplimiento que se hayan marcado como tales.

La ANAC podrá divulgar la especificación de transmisión no patentada y el espectro de radiofrecuencia para que haya suficiente información disponible para desarrollar equipos y software de recepción y procesamiento para la ANAC, las fuerzas del orden y el público.

Además, una persona responsable de la producción de aeronaves no tripuladas de identificación remota estándar (con excepciones limitadas) o módulos de difusión de identificación remota debe:

- Emitir a cada aeronave no tripulada o módulo de transmisión de identificación remota un número de serie que cumpla con el estándar de números de serie.
- Etiquetar la aeronave no tripulada o el módulo de transmisión de identificación remota para indicar que cumple con la identificación remota.
- Presentar una declaración de cumplimiento para su aceptación por parte de la ANAC, declarando que la aeronave no tripulada de identificación remota estándar o el módulo de transmisión de identificación remota cumple con los requisitos de la regla.

Requisitos de registro

Los propietarios de aeronaves pequeñas no tripuladas utilizadas en operaciones civiles (incluidas operaciones comerciales), operaciones recreativas limitadas, u operaciones de aeronaves públicas, entre otras, serán elegibles para registrar la aeronave no tripulada en una de dos formas: (1) bajo un número de registro individual emitido para cada aeronave no tripulada; o (2) bajo un solo número de registro emitido a un propietario de múltiples aeronaves no tripuladas utilizadas exclusivamente para operaciones recreativas limitadas.

La ANAC adoptará el requisito que vincula los requisitos de identificación remota a los requisitos de registro y los requisitos para enviar el número de serie de la aeronave no tripulada y otra información.

Resumen de beneficios y costos

Esta regla requiere la identificación remota de aeronaves no tripuladas para abordar la seguridad, protección,

y preocupaciones de la aplicación de la ley con respecto a la mayor integración de estas aeronaves en el espacio aéreo de Argentina. El marco de identificación remota promueve el cumplimiento por parte de los operadores de aeronaves no tripuladas al proporcionar datos específicos de VANT, que pueden usarse en conjunto con nuevas tecnologías e infraestructura para brindar conciencia del espacio aéreo a la ANAC, agencias de seguridad nacional, entidades encargadas de hacer cumplir la ley y otros funcionarios gubernamentales que puede utilizar los datos para distinguir a los usuarios del espacio aéreo que cumplen con las normas de aquellos que potencialmente representan un riesgo para la seguridad. Además, al finalizar, la regla reduce la obsolescencia de la flota de aeronaves no tripuladas existente.

Esta regla genera costos adicionales para las personas responsables de la producción de aeronaves no tripuladas, propietarios y operadores de aeronaves no tripuladas registradas, entidades que soliciten el establecimiento de un área de identificación reconocida por la ANAC y la ANAC. Esta regla proporciona ahorros de costos para la ANAC a partir de una reducción en las horas y los costos asociados gastados en la investigación de incidentes de aeronaves no tripuladas.[1]

Esta regla contempla simplificar el enfoque de identificación remota al requerir solo transmisión de datos y autorizar una opción de módulo de transmisión de identificación remota que permite la adaptación de aeronaves no tripuladas que no cumplen con los requisitos para aeronaves no tripuladas de identificación remota estándar. Estos detalles permiten que las aeronaves no tripuladas construidas sin identificación remota (por ejemplo, flota de aeronaves no tripuladas existente, aeronaves no tripuladas construidas en el hogar) se operen fuera de las áreas de identificación reconocidas por la ANAC. Esto permite que aeronaves no tripuladas con módulos de transmisión de identificación remota operen en áreas donde Internet no está disponible.

La ANAC debe esperar que esta regla resulte en varios beneficios y mejoras importantes para respaldar la seguridad en el espacio aéreo de la Argentina. La identificación remota proporciona información que ayuda a abordar los desafíos existentes que enfrentan la ANAC, las entidades encargadas de hacer cumplir la ley y las agencias de seguridad nacional responsables de la seguridad del espacio aéreo nacional. A medida que aumentan las operaciones de aeronaves no tripuladas, también aumenta el riesgo de que las aeronaves no tripuladas sean operadas muy cerca de aeronaves tripuladas, o personas y propiedades en tierra, o en espacio aéreo inadecuado para estas operaciones. La identificación remota proporciona un medio para identificar estas aeronaves y localizar a la persona que las controla (por ejemplo, operadores, pilotos al mando). Permite a la ANAC, las fuerzas del orden y las agencias de seguridad nacional distinguir a los usuarios del espacio aéreo que cumplen con las normas de aquellos que potencialmente representan un riesgo de seguridad o protección. Permite a la ANAC y a las fuerzas del orden realizar la supervisión de las personas que operan VANT y determinar si se necesitan acciones de cumplimiento, aplicación, educación, capacitación u otros tipos de acciones para mitigar los riesgos de seguridad y fomentar un mayor cumplimiento de las regulaciones. Los datos de identificación remota también informan al público y usuarios del espacio aéreo de Argentina de las operaciones locales que se están realizando en cada momento.

IDENTIFICACIÓN REMOTA DE AERONAVES NO TRIPULADAS

Aclaración del uso del término aeronave no tripulada y VANT en esta regla

La ANAC reconoce que los VANT pueden tener componentes producidos por diferentes fabricantes (por ejemplo, una aeronave no tripulada podría ser fabricada por un fabricante y la estación de control podría ser fabricada por otro). Además, las aeronaves no tripuladas que operan más allá del alcance de la señal de radio que se transmite desde la estación de control pueden utilizar enlaces de comunicación de terceros, como la red celular. Los requisitos de identificación remota en esta regla se aplican a la operación, y al diseño y producción de aeronaves no tripuladas. Los fabricantes de aeronaves no tripuladas son responsables de garantizar que las aeronaves no tripuladas cumplan con los requisitos de diseño y producción de esta regla incluso cuando la aeronave no tripulada utilice equipos de estación de control (como un teléfono inteligente) o enlaces de comunicación fabricados por una persona diferente. El fabricante de aeronaves no tripuladas debe abordar cómo se incorporan las dependencias de la funcionalidad de la estación de control como parte del diseño de identificación remota y los requisitos de producción.

Finalidad de la identificación remota de aeronaves no tripuladas

Los VANTs están cambiando fundamentalmente la aviación y la

ANAC se comprometerá a trabajar para integrarlos en el espacio aéreo argentino. El siguiente paso en esa integración es permitir operaciones de aeronaves no tripuladas sobre personas y por la noche. La identificación remota de aeronaves no tripuladas es un elemento crítico para permitir aquellas operaciones que aborden los problemas de seguridad y protección.

La identificación remota es la capacidad de una aeronave no tripulada en vuelo para proporcionar información de identificación, ubicación y desempeño que las personas en tierra y otros usuarios del espacio aéreo pueden recibir. En su forma más básica, la identificación remota puede describirse como una identificación electrónica o una "placa de matrícula digital" para VANT.

La identificación remota proporciona información que ayuda a abordar los desafíos existentes de la ANAC, las entidades encargadas de hacer cumplir la ley y las agencias de seguridad nacional responsables de la seguridad del espacio aéreo nacional. A medida que se pone a disposición una variedad más amplia de operaciones de VANT, como operaciones sobre personas, aumenta el riesgo de que las aeronaves no tripuladas se operen de manera insegura, como en las proximidades de personas y propiedades en tierra. La identificación remota proporciona un medio para identificar estas aeronaves y localizar a la persona que las controla (por ejemplo, operadores, pilotos al mando). Permite a la ANAC, las fuerzas del orden y las agencias de seguridad nacional distinguir a los usuarios del espacio aéreo que cumplen con las normas de aquellos que potencialmente representan un riesgo de seguridad o protección. Permitirá a la ANAC y a las fuerzas del orden supervisar a las personas que operan aeronaves no tripuladas y determinar si se necesitan acciones de cumplimiento, aplicación, educación, capacitación u otros tipos de acciones para mitigar los riesgos de seguridad y fomentar un mayor cumplimiento de las regulaciones.

Los requisitos para la identificación de aeronaves tripuladas y no tripuladas forman parte integral del marco regulatorio de la ANAC. Antes de esta regla, los requisitos incluían registro y marcado de aeronaves e identificación electrónica mediante transpondedores y transmisión automática de vigilancia dependiente (ADS-B). Esta regla creará una nueva regulación, que establece los requisitos de identificación remota para aeronaves no tripuladas. Estos requisitos son particularmente importantes para las aeronaves no tripuladas porque la persona que opera la aeronave no tripulada no está a bordo de la aeronave, lo que crea desafíos para asociar la aeronave con su operador. Además, el pequeño tamaño de muchas aeronaves no tripuladas significa que la marca de registro solo es visible tras una inspección minuciosa, lo que dificulta o imposibilita la identificación visual de las aeronaves no tripuladas en vuelo.

El marco de identificación remota es necesario para permitir operaciones de VANT expandidas y una mayor integración. Esta regla final escala ese marco para respaldar los siguientes pasos en esa integración: operaciones sobre personas y operaciones nocturnas. El enfoque basado en radiodifusión de esta regla contiene los requisitos mínimos necesarios para permitir la identificación remota de aeronaves no tripuladas bajo las reglas operacionales actuales.

REQUISITOS OPERATIVOS PARA LA IDENTIFICACIÓN REMOTA

Esta regla establece requisitos para la identificación remota de aeronaves no tripuladas operadas en el espacio aéreo de Argentina. La identificación remota es la capacidad de una aeronave no tripulada, en vuelo, para proporcionar cierta información de identificación, ubicación y desempeño que las personas en tierra y otros usuarios del espacio aéreo pueden recibir. Un operador de una aeronave no tripulada puede cumplir con los requisitos operativos para la identificación remota de una de estas tres formas:

1. Aeronaves no tripuladas de identificación remota estándar. La primera forma de cumplir se conoce como "identificación remota estándar" y requiere que el operador utilice una aeronave no tripulada que transmita información de identificación, ubicación y desempeño tanto para la aeronave no tripulada como para la estación de control.

2. Módulo de difusión de identificación remota. La segunda forma de cumplir es que el operador equipe una aeronave no tripulada con un "módulo de transmisión de identificación remota" que transmite información de identificación, ubicación y rendimiento sobre la aeronave no tripulada y la ubicación de despegue de la aeronave no tripulada.

3. Área de identificación reconocida por la ANAC. La tercera forma de cumplir, y la única opción disponible para la mayoría de las aeronaves no tripuladas sin capacidades de identificación remota (por ejemplo, una aeronave no tripulada fabricada sin equipo de identificación remota o una aeronave no tripulada cuyo equipo de identificación remota o módulo de transmisión de identificación remota no funciona) para que el operador pueda volar su aeronave no tripulada en ciertas áreas geográficas específicas llamadas "Áreas de Identificación Reconocidas por la ANAC"[2]. Estas áreas se establecen bajo esta regla específicamente para dar cabida a los VANT que no se identifican de forma remota.

El cumplimiento debe mantener la seguridad y protección del espacio aéreo de Argentina. En consecuencia, esta regla requiere que los operadores de aeronaves no tripuladas fuera de un área de identificación reconocida por la ANAC usen aeronaves no tripuladas de identificación remota estándar o aeronaves no tripuladas con módulos de transmisión de identificación remota para transmitir elementos de mensajes de identificación remota.

Aeronaves no tripuladas de identificación remota estándar

La ANAC estará adoptando los requisitos para aeronaves no tripuladas de identificación remota estándar, como se analiza a continuación. Esta regla solo requiere que la aeronave no tripulada de identificación remota estándar transmita los elementos del mensaje de identificación remota directamente desde la aeronave no tripulada desde el despegue hasta el apagado. La ANAC también tendrá que ir actualizando el término a "aeronaves no tripuladas de identificación remota estándar, en contraposición a" VANT de identificación remota estándar "por motivos de claridad.

La ANAC deberá aclarar que las aeronaves no tripuladas

sin identificación remota pueden actualizarse a aeronaves no tripuladas de identificación remota estándar si la actualización permite que la aeronave no tripulada cumpla con todos los requisitos de identificación remota de esta regla.

Uso de aeronaves no tripuladas de identificación remota estándar

Una persona que opere una aeronave no tripulada de identificación remota estándar que puede operar la aeronave no tripulada fuera de las áreas de identificación reconocidas por la ANAC. Las aeronaves no tripuladas de identificación remota estándar se pueden utilizar independientemente de las reglas de operación que se aplican al vuelo específico.

Equipo de identificación remota y elementos de mensaje

La persona que opera una aeronave no tripulada de identificación remota estándar debe asegurarse de que la aeronave no tripulada esté transmitiendo los elementos de mensaje de aeronave no tripulada de identificación remota estándar. Este equipo de transmisión debe ser funcional desde el despegue hasta el apagado de la aeronave no tripulada y no debe estar desactivado.

El operador de una aeronave no tripulada de identificación remota estándar debe asegurarse de que la aeronave no tripulada esté transmitiendo los elementos del mensaje necesarios. Los elementos de mensaje difundidos por aeronaves no tripuladas de identificación remota estándar incluyen un identificador único; una indicación de la latitud, longitud y altitud geométrica de la estación de control; una indicación de la latitud, longitud y altitud geométrica de la aeronave no tripulada; una indicación de la velocidad de la aeronave no tripulada; una marca de tiempo; y una indicación del estado de emergencia de la aeronave no tripulada. El requisito de transmitir los elementos del mensaje de identificación remota se aplica desde el despegue hasta el apagado de la aeronave no tripulada.

La ANAC adoptará requisitos de diseño y producción para aeronaves no tripuladas de identificación remota estándar. Los requisitos de producción están destinados a ayudar a una persona a cumplir con los requisitos operativos que se aplican a aeronaves no tripuladas de identificación remota estándar. La ANAC tendrá la intención de que el cumplimiento de los requisitos de identificación remota sea simple y directo para las personas que operan aeronaves no tripuladas de identificación remota estándar producidas de acuerdo con un medio de cumplimiento aceptado por la misma. Por ejemplo, una aeronave no tripulada de identificación remota estándar debe transmitir automáticamente los elementos del mensaje de identificación remota y su diseño debe prohibir su despegue si el equipo de transmisión no funciona.

Requisitos del número de serie

Una persona puede operar una aeronave no tripulada de identificación remota estándar si su número de serie figura en una declaración de cumplimiento aceptada por la ANAC, o si la aeronave no tripulada de identificación remota estándar está cubierta por una aprobación de diseño o aprobación de producción.

El número de serie emitido para la aeronave no tripulada de identificación remota estándar debe incluirse en la solicitud de registro de la aeronave no tripulada y no puede ser una duplicación de un número de serie asociado con un certificado de matrícula de aeronave diferente. Para propietarios que registren pequeñas aeronaves no tripuladas exclusivamente para operaciones recreativas limitadas, se puede incluir más de un número de serie en un solo certificado de registro de aeronave. Alternativamente, el número de serie de la aeronave no tripulada debe proporcionarse a la ANAC en un aviso de identificación antes de la operación.

Módulos de difusión de identificación remota

Esta regla finaliza el marco regulatorio que permite a las personas equipar aeronaves no tripuladas con módulos de transmisión de identificación remota para permitirles identificarse remotamente. Como se mencionó anteriormente, el concepto de módulo de difusión de identificación remota es una opción de actualización que reemplaza el marco regulatorio VANT de identificación remota limitada y brinda flexibilidad a los operadores de aeronaves no tripuladas que no cumplen con los requisitos para aeronaves no tripuladas de identificación remota estándar. El concepto permite que las aeronaves no tripuladas construidas sin identificación remota (por ejemplo, flota de aeronaves no tripuladas existente, aeronaves no tripuladas construidas en casa) sean operadas fuera de las áreas de identificación reconocidas por la ANAC porque los módulos de transmisión permiten que las aeronaves no tripuladas transmitan los elementos del mensaje de identificación remota requeridos por esta regla. A través de este marco regulatorio, la ANAC también está permitiendo que las aeronaves no tripuladas existentes que tienen ciertas capacidades de transmisión y equipos ya integrados se actualicen para cumplir con los requisitos de un módulo de transmisión de identificación remota.

La ANAC determinará que un módulo de transmisión de identificación remota facilita el cumplimiento de esta regla y, en ese momento, satisfará las necesidades de seguridad y protección de la ANAC, las agencias de seguridad nacional y las fuerzas del orden. El concepto se basa en la transmisión y no requiere que una persona se conecte a Internet para identificarse de forma remota. Este cambio permite que aeronaves no tripuladas con módulos de transmisión de identificación remota operen en áreas donde Internet no está disponible. Sin embargo, la ANAC determinará que las personas que manipulen los controles de vuelo de los VANT donde la aeronave no tripulada está equipada con módulos de transmisión de identificación remota deben poder ver la aeronave no tripulada en todo momento durante la operación. Es un requisito de línea de visión para operaciones de aeronaves no tripuladas que no cumplen con los requisitos para aeronaves no tripuladas de identificación remota estándar y, por lo tanto, la ANAC estará incorporando la restricción en los requisitos operativos para aeronaves no tripuladas con módulos de transmisión de identificación remota.

Los requisitos para aeronaves no tripuladas con módulos de difusión de identificación remota se analizan a continuación.

Uso de módulos de difusión de identificación remota

La ANAC adoptará los requisitos para la operación de aeronaves no tripuladas equipadas con módulos de transmisión de identificación remota. Una persona puede equipar una aeronave no tripulada con un módulo de difusión de identificación remota asegurando o integrando un módulo de difusión de identificación remota a la aeronave no tripulada o por otros medios (por ejemplo, actualización de software). Los requisitos operativos para aeronaves no tripuladas equipadas con módulos de difusión de identificación remota son los mismos independientemente de cómo el módulo de difusión esté asegurado a la aeronave no tripulada o integrado en la aeronave no tripulada.

Los módulos de difusión de identificación remota permiten a los operadores de aeronaves no tripuladas sin identificación remota (por ejemplo, aeronaves no tripuladas existentes) para operar fuera de un área de identificación reconocida por la ANAC. Por ejemplo, una aeronave no tripulada construida en casa se puede producir sin identificación remota y se puede operar sin identificación remota en un área de identificación reconocida por la ANAC. Sin embargo, si un operador desea operar una aeronave no tripulada construida en casa fuera de un área de identificación reconocida por la ANAC, puede hacerlo equipando la aeronave no tripulada con un módulo de transmisión de identificación remota.

Una persona puede usar una aeronave no tripulada equipada

con un módulo de transmisión de identificación remota en operaciones realizadas bajo cualquier regla operativa (por ejemplo, operaciones recreativas limitadas realizadas). Sin embargo, como se analiza a continuación, las operaciones de aeronaves no tripuladas equipadas con módulos de transmisión de identificación remota se limitan a la línea de visión de la persona que manipula los controles de vuelo del VANT.

Equipo de identificación remota y elementos de mensaje

El operador de una aeronave no tripulada con un módulo de transmisión de identificación remota debe asegurarse de que el módulo de transmisión de identificación remota transmita los elementos del mensaje enumerados en esta regla y que el módulo de transmisión de identificación remota esté incluido en una declaración de cumplimiento aceptada por la ANAC. Los elementos de mensaje difundidos por módulos de difusión de identificación remota incluyen un identificador único; una indicación de la latitud, longitud y altitud geométrica de la aeronave no tripulada; una indicación de la latitud, longitud y altitud geométrica del lugar de despegue de la aeronave no tripulada; una indicación de la velocidad de la aeronave no tripulada; y una marca de tiempo. El requisito de transmitir los elementos del mensaje de identificación remota se aplica desde el despegue hasta el apagado de la aeronave no tripulada.

Los elementos del mensaje del módulo de difusión de identificación remota son idénticos a los de las aeronaves no tripuladas de identificación remota estándar, con la excepción de la ubicación y la altitud de despegue de la aeronave no tripulada, que reemplaza la ubicación y altitud de la estación de control, y el estado de emergencia que es solo un requisito elemento de mensaje para la aeronave no tripulada de identificación remota estándar. La ubicación del despegue y las indicaciones de altitud están destinadas a proporcionar una ubicación aproximada del operador del VANT, con base en la expectativa de que el operador del VANT esté ubicado muy cerca del lugar y la altitud del despegue de la aeronave no tripulada. La ANAC creerá que esta es una suposición apropiada para las operaciones de VLOS[3]. El requisito de indicar la ubicación de despegue y la altitud permite la instalación de modernización de módulos de transmisión de identificación remota en aeronaves no tripuladas porque la ubicación de despegue y la altitud se pueden medir mediante un módulo de transmisión independiente sin depender de sistemas o equipos externos.

Además, la ANAC no requerirá que una aeronave no tripulada con un módulo de difusión de identificación remota transmita una indicación del estado de emergencia de la aeronave no tripulada. Para indicar un estado de emergencia, es probable que el equipo de identificación remota deba integrarse en la aeronave no tripulada y diseñarse para reconocer modos de falla específicos de la aeronave o situaciones fuera de lo nominal. Debido a que los módulos de transmisión de identificación remota se pueden instalar en aeronaves no tripuladas existentes con diferentes características, la ANAC encontrará que una indicación de estado de emergencia para los módulos de transmisión de identificación remota presenta demasiados desafíos tecnológicos para requerir en este momento.

Instalación e instrucciones del módulo de transmisión

Como se mencionó anteriormente, esta regla permite que una persona use una aeronave no tripulada equipada con un módulo de transmisión de identificación remota. La persona que instala el módulo de transmisión de identificación remota debe realizar la actualización de acuerdo con las instrucciones proporcionadas por el productor del módulo de transmisión de identificación remota para garantizar que el módulo de transmisión sea compatible con la aeronave no tripulada, que la instalación se complete con éxito y que el la funcionalidad de identificación remota cumple con todos los requisitos de esta regla.

Requisitos del número de serie

El productor de módulos de transmisión de identificación remota debe emitir a cada módulo un número de serie. El número de serie debe figurar en una declaración de cumplimiento aceptada por la ANAC.

El número de serie debe incluirse en la solicitud de registro de la aeronave no tripulada y no puede ser una duplicación de un número de serie asociado con un certificado diferente de registro de aeronave. Para propietarios que registren pequeñas aeronaves no tripuladas exclusivamente para operaciones recreativas limitadas, se puede incluir más de un número de serie en un solo certificado de registro de aeronave. Las aeronaves civiles no tripuladas registradas en el extranjero deben proporcionar el número de serie de la aeronave no tripulada o el módulo de transmisión de identificación remota a la ANAC en un aviso de identificación antes de la operación en el espacio aéreo de Argentina.

Operaciones restringidas a la línea de visión

Las operaciones de aeronaves no tripuladas con módulos de difusión de identificación remota deben realizarse de modo que la persona que manipule los controles de vuelo del VANT pueda ver la aeronave no tripulada en todo momento durante la operación. Es un requisito de línea de visión para operaciones de aeronaves no tripuladas que no cumplen con los requisitos para aeronaves no tripuladas de identificación remota estándar y, por lo tanto, la ANAC estará incorporando la restricción en los requisitos operativos para aeronaves no tripuladas con módulos de transmisión de identificación remota.

Otros requisitos de transmisión aplicables a aeronaves no tripuladas de identificación remota estándar y aeronaves no tripuladas

con módulos de transmisión de identificación remota

1. Transmitido directamente desde la aeronave no tripulada
   Esta regla requiere aeronaves no tripuladas de identificación remota estándar y aeronaves no tripuladas con módulos de difusión de identificación remota para transmitir los elementos del mensaje de identificación remota directamente desde la aeronave no tripulada.

2. Transmitir desde el despegue hasta el apagado
   La ANAC propondrá que una persona podría operar un VANT con identificación remota solo si el VANT envía los elementos del mensaje de identificación remota desde el despegue hasta el apagado. La ANAC solicitará comentarios sobre cuándo deberían requerirse las conexiones por internet de identificación remota.

3. Difusión de pérdida de identificación remota en vuelo
   Una aeronave no tripulada de identificación remota estándar debe realizar una autocomprobación y proporcionar una notificación a la persona que manipula los controles de vuelo del VANT si el equipo de identificación remota no funciona correctamente. Además, una aeronave no tripulada de identificación remota estándar debe diseñarse para no despegar si no supera la autocomprobación.
   Un módulo de difusión de identificación remota también debe realizar una autocomprobación y proporcionar una notificación a la persona que manipula los controles de vuelo del VANT si el equipo de identificación remota no funciona correctamente. Los operadores de aeronaves no tripuladas solo pueden utilizar módulos de difusión de identificación remota que superen la autocomprobación.
   Tanto las aeronaves no tripuladas de identificación remota estándar como los módulos de transmisión de identificación remota deben monitorear continuamente su

desempeño mientras están en uso y proporcionar una indicación si el equipo de identificación remota no funciona correctamente. Si el equipo de identificación remota proporciona una indicación de falla o mal funcionamiento durante el vuelo, el operador de la aeronave no tripulada debe aterrizar la aeronave no tripulada tan pronto como sea posible. La ANAC señalará que no espera que la falta de disponibilidad de GPS u otros tipos de servicios de ubicación (ya que la regla no requiere GPS específicamente) resulte en una notificación al operador de aeronaves no tripuladas ni requiera que el operador aterrice la aeronave no tripulada tan pronto como sea posible. La ANAC esperará que los medios de cumplimiento estipulen que solo las fallas o el mal funcionamiento del equipo activarían una notificación al operador de que la aeronave no tripulada ya no estaba transmitiendo los elementos del mensaje.

Al determinar cómo y cuándo aterrizar la aeronave no tripulada tan pronto como sea posible, la ANAC esperará que la persona que manipula los controles de vuelo del VANT opere de una manera que minimice el riesgo para otros usuarios del espacio aéreo y personas y propiedades en tierra, mientras utilizando la toma de decisiones aeronáuticas para aterrizar de forma rápida y segura la aeronave no tripulada en un área de aterrizaje adecuada. La ANAC recomendará incluir la planificación de contingencias de identificación remota de VANT, incluidos los planes de aterrizaje tan pronto como sea posible, como parte de una evaluación previa al vuelo.

Aeronaves no tripuladas sin identificación remota

La ANAC propondrá permitir que aeronaves no tripuladas sin capacidades de identificación remota operen en áreas específicas, denominadas áreas de identificación reconocidas por la ANAC, o bajo una autoridad de desviación otorgada por la administración. La ANAC deberá adoptar la esencia de este requisito con ajustes menores. En consecuencia, la gran mayoría de las aeronaves no tripuladas operadas en el espacio aéreo nacional deben identificarse de forma remota; sin embargo, las aeronaves no tripuladas sin identificación remota pueden operar si cumplen con ciertos requisitos. Principalmente, la operación de aeronaves no tripuladas sin identificación remota está permitida: 1) Si la persona que manipula los controles de vuelo del VANT puede ver la aeronave no tripulada en todo momento durante la operación, y dentro de los límites de un área de identificación reconocida por la ANAC; o 2) Cuando la administración autoriza operaciones sin identificación remota donde la operación es únicamente con el propósito de investigación aeronáutica o para demostrar el cumplimiento de las regulaciones.

Operaciones en áreas de identificación reconocidas por la ANAC (AIRA)

Una persona puede operar una aeronave no tripulada sin identificación remota si esa operación está dentro de los límites de un área de identificación reconocida por la ANAC y la persona que manipula los controles de vuelo del VANT puede ver la aeronave no tripulada en todo momento durante la operación. La frase "operado dentro de un área de identificación reconocida por la ANAC" significa que tanto la aeronave no tripulada como la persona que manipula los controles de vuelo del VANT deben estar ubicados dentro de los límites del área de identificación reconocida por la ANAC desde despegue al aterrizaje. Sin embargo, esta regla no permite que se desactive la capacidad de identificación remota, a menos que la administración autorice lo contrario. Por lo tanto, una persona que opere una aeronave no tripulada de identificación remota estándar o una aeronave no tripulada con un módulo de transmisión de identificación remota debe continuar identificándose de manera remota cuando opera en un área de identificación reconocida por la ANAC.

Operaciones para la investigación aeronáutica

La segunda forma en que una persona puede operar una aeronave no tripulada sin identificación remota es mediante una autorización de la administración para fines de investigación aeronáutica o para demostrar el cumplimiento de las regulaciones. La ANAC considera que la investigación aeronáutica se limita a la investigación y prueba de la aeronave no tripulada, los sistemas de control, los equipos que forman parte de la aeronave no tripulada (como sensores) y los perfiles de vuelo, o el desarrollo de funciones y capacidades para el VANT. Los productores y otras personas autorizadas por la administración tienen la capacidad de operar prototipos de aeronaves no tripuladas sin identificación remota exclusivamente para investigar y probar el diseño, el equipo o las capacidades de la aeronave no tripulada; o para realizar la investigación, el desarrollo y las pruebas necesarias para la infraestructura, los sistemas y las tecnologías de VANT, incluidas, entre otras, las capacidades futuras de UTM[4] y contra VANT del gobierno argentino. La administración también puede autorizar a una persona a realizar pruebas de vuelo y otras operaciones con equipo de identificación remota que no cumpla con las normas para demostrar el cumplimiento de un medio de cumplimiento aceptado por la ANAC para las regulaciones de identificación remota o aeronavegabilidad. Estos tipos de operaciones de aeronaves no tripuladas podrían incluir vuelos para demostrar el cumplimiento de la emisión de certificados de tipo suplementarios, vuelos para justificar cambios importantes en el diseño y vuelos para demostrar el cumplimiento de los requisitos de función y confiabilidad de las regulaciones. Esta autoridad de desviación no se extiende a ningún otro tipo de investigación que utilice una aeronave no tripulada.

ELEMENTOS DEL MENSAJE Y REQUISITOS MÍNIMOS DE RENDIMIENTO: AERONAVES NO TRIPULADAS DE IDENTIFICACIÓN REMOTA ESTÁNDAR

La ANAC propuso ciertos requisitos para los elementos del mensaje de identificación remota y requisitos mínimos de rendimiento para los VANT de identificación remota estándar. La ANAC adopta esos requisitos con los cambios y ajustes que se describen a continuación.

Elementos de mensaje para aeronaves no tripuladas de identificación remota estándar

La ANAC propondrá requerir ciertos elementos mínimos de mensaje necesarios para cumplir con objetivos de esta regla. Los elementos de mensaje propuestos serán: (1) la identificación de VANT; (2) una indicación de la latitud y longitud de la estación de control; (3) una indicación de la altitud de presión barométrica de la estación de control; (4) una indicación de la latitud y longitud de la aeronave no tripulada; (5) una indicación de la altitud de presión barométrica de la aeronave no tripulada; (6) una marca de tiempo; y (7) una indicación del estado de emergencia del VANT.

La ANAC adoptará los siete elementos de mensaje propuestos con algunas modificaciones y agregará un octavo elemento de mensaje: velocidad.

1. Identificador único de aeronave no tripulada
   Establece la identidad única de los VANT que operan en el espacio aéreo de Argentina.

2. Una indicación de la latitud y longitud de la estación de control
   Este elemento de mensaje sería utilizado por la ANAC y las entidades autorizadas para ubicar al operador de VANT cuando sea necesario para la seguridad, protección o eficiencia de las operaciones de aeronaves en el espacio aéreo de Argentina.

3. Una indicación de la altitud de la estación de control
   La ANAC esperará que el sistema VANT utilice GPS para determinar la altitud geométrica medida como altura sobre el elipsoide con referencia al datum WGS-84. Se anticipará que el sistema VANT podría utilizar señales celulares y de otro tipo para complementar la señal GPS y proporcionar una solución sólida.

4. Una indicación de la latitud y longitud de la aeronave no tripulada
   El propósito de este elemento de mensaje es asociar una aeronave no tripulada específica con su posición de estación de control asociada. También se utilizaría para proporcionar conciencia de la situación a otras aeronaves, tanto tripuladas como no tripuladas, que operan en las cercanías.

5. Una indicación de la altitud de la aeronave no tripulada
   Las aeronaves no tripuladas de identificación remota estándar incluyen una indicación de la altitud de la aeronave no tripulada como elemento de mensaje

requerido. Como con el elemento de mensaje que indica la altitud de la estación de control

6. Marca de tiempo
   Una salida de fuente de posición son las coordenadas de latitud y longitud de la aeronave no tripulada o la estación de control, según corresponda. La hora de aplicabilidad es un registro de la hora UTC cuando la aeronave no tripulada o la estación de control se encontraba en un conjunto particular de coordenadas.

7. Una indicación del estado de emergencia del VANT
   Un elemento de mensaje que especifica un código que indica el estado de emergencia, que podría incluir enlace perdido, aeronave derribada u otro estado anormal del VANT.
   El propósito de este elemento de mensaje alertaría a otros que el VANT está experimentando una condición de emergencia e indicaría el tipo de emergencia.

8. Velocidad
   La ANAC preverá que el elemento del mensaje de velocidad sería un vector tridimensional que transmite la velocidad horizontal y vertical, así como la dirección de movimiento de la aeronave. La ANAC señalará que el elemento de mensaje de velocidad, cuando se usa para mostrar información de vuelo de aeronaves no tripuladas, incluya información de velocidad y dirección.

Requisitos mínimos de rendimiento para aeronaves no tripuladas de identificación remota estándar

La ANAC adoptará estos requisitos mínimos de desempeño:

1. Ubicación de la estación de control
   La ANAC propondrá exigir a todos los VANT con identificación remota que generen y codifiquen una ubicación de la estación de control que corresponda a la

ubicación de la persona que manipula los controles de vuelo del VANT. El fundamento de este requisito es ayudar a la ANAC y a la policía a localizar a la persona que manipula los controles de vuelo del VANT.

2. Marca de tiempo

   La ANAC propondrá que se requerirá al VANT de identificación remota estándar para generar y transmitir mensajes de identificación remota con el elemento de mensaje de marca de tiempo. La ANAC propondrá que el elemento de mensaje de marca de tiempo se sincronice con el momento en que se generan todos los demás elementos de mensaje. El propósito de este requisito es asegurar que la posición y otros datos contenidos en los mensajes de identificación remota tengan una referencia de tiempo utilizable para los propósitos de reconstruir los perfiles de vuelo de aeronaves no tripuladas.

3. Autocomprobación y supervisión

   La ANAC propondrá requerir VANTs con identificación remota para probar la funcionalidad de identificación remota automáticamente cuando el VANT está encendido y notificar a la persona que manipula los controles de vuelo del mismo del resultado de la prueba. Además, la ANAC propondrá prohibir que estos VANTs despeguen si el equipo de identificación remota no es completamente funcional. Debido a que una persona sola podría operar un VANT de identificación remota estándar si su equipo de identificación remota es funcional, la ANAC preverá que los diseñadores y productores de VANT construirían un sistema de notificación para alertar a los operadores potenciales de cualquier mal funcionamiento relacionado con el equipo de identificación remota. Este requisito de notificación ayudaría a los operadores a cumplir con los requisitos operativos. La ANAC también propondría que se requiera que el VANT supervise automáticamente la funcionalidad de identificación remota continuamente durante todo el vuelo y notifique el mal funcionamiento o falla a la persona que manipula los controles de vuelo del VANT. Con esta capacidad, la persona que manipula los controles de vuelo del mismo puede tomar decisiones informadas sobre qué acciones tomar para minimizar el riesgo para otros usuarios del espacio aéreo y las personas y propiedades en tierra. Este requisito es necesario porque se requeriría que una aeronave no tripulada de identificación remota estándar aterrice tan pronto como sea posible si pierde la capacidad de transmisión en vuelo. Además, el requisito de monitorear la funcionalidad del equipo de identificación remota se realizaría desde el despegue hasta el apagado.

4. Resistencia a la manipulación

    La ANAC propondrá exigir que los VANTs con identificación remota se diseñen y produzcan de una manera que reduzca la capacidad de una persona para alterar la funcionalidad de identificación remota. La ANAC imaginará que el VANT tendría características de diseño a prueba de manipulaciones para obstaculizar la capacidad de realizar cambios no autorizados en el equipo o los mensajes de identificación remota.

5. Corrección de errores

    La ANAC deberá proponer requerir que todos los VANTs con equipo de identificación remota incorporen corrección de errores en la transmisión y difusión de los elementos del mensaje. La corrección de errores permite que los receptores de difusión de identificación remota, como los teléfonos inteligentes y el sistema de identificación remota, detecten posibles errores que puedan existir en el mensaje y tomen las medidas adecuadas.

6. Consideraciones sobre interferencias

    La ANAC deberá proponer prohibir que el equipo

de identificación remota utilizado en los VANTs de identificación remota estándar cause interferencia dañina a otros sistemas o equipos instalados en la aeronave no tripulada o la estación de control. El diseño del VANT debe garantizar que el equipo de identificación remota de transmisión sea independiente de las interfaces de comando y control. La ANAC explicará que, por ejemplo, el equipo de identificación remota no podría causar interferencia dañina al enlace de datos de control y comando del VANT y no podría estar en violación de las regulaciones ya existentes de comunicaciones. Además, el equipo de identificación remota no cumpliría con los requisitos de esta regla si su operación se vería afectada negativamente por la interferencia de otros sistemas o equipos instalados en la aeronave no tripulada o en la estación de control, como el enlace de datos de comando y control VANT o una alimentación de cámara, desde la aeronave no tripulada a una pantalla en la estación de control. Por lo tanto, la ANAC esperará que los productores proporcionen interfaces seguras y confiables bien protegidas de interferencias o ataques de entidades maliciosas, y validarán el desempeño mínimo a través de los medios del proceso de aceptación de cumplimiento, así como a través de la supervisión, auditoría y monitoreo continuo de productores de VANT que tienen una declaración de cumplimiento aceptada por la ANAC. La ANAC explicará que un medio específico de cumplimiento puede incluir requisitos para usar emisores y receptores de radiofrecuencia específicos. La ANAC deberá prever que un medio de cumplimiento propuesto podría incluir un análisis de la congestión de frecuencias y las consideraciones de interferencia. La ANAC no propondrá un método en particular mediante el cual los diseñadores o productores identifiquen o mitiguen las consideraciones de interferencia. En cambio, la ANAC consideraría los métodos propuestos para tratar las consideraciones de interferencia y verificaría que sean apropiados para los tipos de equipos y operaciones aplicables a esos medios de cumplimiento y que no vayan en contra de las regulaciones aplicables, incluidas las regulaciones de comunicación.

7. Transmisión de mensajes

    La ANAC deberá proponer que los VANTs de identificación remota estándar sean capaces de transmitir elementos de mensajes utilizando una especificación de transmisión no patentada y un espectro de radiofrecuencia compatible con dispositivos inalámbricos personales de acuerdo. La ANAC preverá que la identificación remota se emitiría utilizando un espectro similar al que utilizan los dispositivos Wi-Fi y Bluetooth. Sin embargo, la ANAC no deberá proponer una banda de frecuencia específica. Más bien, la ANAC podrá prever que las partes interesadas de la industria identificarían el espectro apropiado para usar para esta capacidad y propondrían soluciones a través de los medios del proceso de aceptación del cumplimiento. El propósito de este requisito es garantizar que el público tenga la capacidad, utilizando dispositivos existentes comúnmente disponibles, como teléfonos celulares, dispositivos inteligentes, tabletas o computadoras portátiles, para recibir estos mensajes de transmisión. La ANAC considerará las condiciones de operación, los requisitos técnicos generales y las limitaciones de rendimiento asociadas con el uso de dispositivos y determinará que estas condiciones, requisitos y limitaciones serían aceptables y compatibles con el uso propuesto y el rendimiento esperado. de la capacidad de difusión de VANT estándar de identificación remota. La ANAC reconocerá que los dispositivos, incluidos los utilizados para la transmisión de identificación remota, no pueden causar interferencia dañina y deben aceptar cualquier interferencia recibida. Para cumplir con el requisito propuesto de compatibilidad con dispositivos inalámbricos personales, la ANAC explicará que un medio de cumplimiento puede ser tomado en consideración si la capacidad de identificación remota sería compatible con los modelos actuales y más antiguos de dispositivos inalámbricos personales que todavía se usan comúnmente. La ANAC pretenderá que el requisito propuesto garantizara que la mayoría de los dispositivos inalámbricos personales en uso pudieran acceder al mensaje de transmisión de VANT de identificación remota estándar. Además, para los VANTs de identificación remota estándar, la ANAC propondrá que el dispositivo de transmisión use un espectro de radiofrecuencia que sea compatible con dispositivos inalámbricos personales y debe estar diseñado para maximizar el rango en el que se puede recibir la transmisión, y debe integrarse en la aeronave no tripulada o estación de control sin modificar sus parámetros de radiofrecuencia autorizados. El propósito de este requisito es asegurar que los productores utilicen un medio de cumplimiento que especifique una tecnología de transmisión o características de tecnología de transmisión que maximicen el rango de transmisión y al mismo tiempo cumplan con los otros requisitos mínimos de desempeño bajo esta regla. Maximizar el rango de transmisión aseguraría que la información de identificación remota estaría disponible para el mayor número de dispositivos receptores potenciales dentro de los límites permitidos por la ley.

8. Interoperabilidad
Para lograr la interoperabilidad entre los VANTs de identificación remota estándar que pueden producirse utilizando diferentes medios de cumplimiento, la ANAC deberá proponer que, para los VANTs de identificación remota estándar, un medio de cumplimiento debe requerir que los elementos del mensaje se difundan utilizando una especificación no propietaria para la identificación remota. Para que la transmisión sea interoperable con dispositivos

inalámbricos personales, los elementos de mensaje para VANT de identificación remota estándar tendrían que transmitirse utilizando un formato de mensaje disponible para el público. La ANAC explicará que es necesario un formato de mensaje conocido para que los dispositivos inalámbricos personales receptores decodifiquen los mensajes y hagan que los elementos del mensaje estén disponibles para su uso por aplicaciones de software en los dispositivos receptores.

9. La seguridad cibernética

   La ANAC propondrá exigir que todos los VANTs con equipo de identificación remota incorporen protecciones de ciberseguridad para la transmisión y difusión de los elementos del mensaje, según corresponda. La ANAC no propondrá ningún método específico de protección de ciberseguridad que deba incorporarse en un medio de cumplimiento aceptado por la misma. En cambio, los métodos de protección de la ciberseguridad incorporados en un medio de cumplimiento propuesto se revisarían y evaluarían como parte del proceso de aceptación. El requisito de desempeño mínimo propuesto relacionado con la ciberseguridad se elimina de esta regla debido a la eliminación del requisito de VANT de identificación remota estándar para conectarse y transmitir información. El requisito de ciberseguridad se aplica tanto a la transmisión como a la difusión de los elementos del mensaje de identificación remota, y el requisito de difundir los mensajes de identificación remota se mantiene en esta regla. Hay que reconocer que muchos VANTs podrían tener capacidades de conexión a Internet para admitir otras características de diseño o capacidades no relacionadas con la identificación remota. La ANAC deberá animar a los diseñadores y productores de VANTs de identificación remota que pueden conectarse a Internet a incorporar protecciones de ciberseguridad para garantizar que esas otras características o capacidades de diseño estén protegidas de las amenazas cibernéticas.

Requisitos de rendimiento de los elementos del mensaje para aeronaves no tripuladas de identificación remota estándar

La ANAC propondrá exigir que todos los VANT con identificación remota cumplan con ciertos requisitos mínimos con respecto a la transmisión de los elementos del mensaje, incluidos los requisitos mínimos de rendimiento relacionados con la precisión posicional, la precisión de la presión barométrica, la latencia del mensaje y la velocidad de transmisión del mensaje. La ANAC invitará a comentar si los requisitos mínimos de desempeño propuestos para los elementos del mensaje son apropiados y solicitará que los integrantes de la comunidad proporcionen comentarios y recomendaciones, respaldados por datos, para sostener su posición. La ANAC también deberá proponer que los VANTs de identificación remota estándar deben transmitir y difundir elementos de mensaje idénticos.

Los requisitos mínimos de rendimiento del elemento de mensaje consideran requisitos de diseño, no requisitos de rendimiento operativo. Un VANT de identificación remota estándar debe demostrar que cumple con los requisitos mínimos de rendimiento para estos elementos de mensaje en condiciones de prueba especificadas en un medio de cumplimiento aceptado por la ANAC. Las condiciones de prueba deben ser representativas de las que probablemente se encuentren durante las operaciones típicas de VANT. La ANAC reconocerá y aceptará que el desempeño real en servicio puede variar del desempeño establecido en las condiciones de prueba. El operador de una identificación remota estándar no está obligado a monitorear el desempeño real en servicio del VANT.

La ANAC estará adoptando los requisitos de desempeño de los elementos de mensaje que se propongan, con algunas modificaciones. En las siguientes subsecciones se explicarán estos requisitos.

1. Precisión posicional

    La ANAC deberá proponer requisitos de precisión posicional que sean compatibles con las fuentes de posición comerciales listas para usar, como los receptores GPS integrados en muchos VANTs, teléfonos inteligentes u otros dispositivos inteligentes existentes. Para una aeronave no tripulada, la fuente de posición se considera un equipo a bordo de la aeronave que calcula una posición geométrica (latitud y longitud). La fuente de posición puede ser un sensor independiente o puede integrarse en otros sistemas. Si bien la ANAC anticipará que la mayoría de las aeronaves no tripuladas usarían un receptor GPS como fuente de posición, se podría usar otro equipo siempre que sea capaz de producir los elementos de mensaje requeridos y cumpla con el requisito de precisión propuesto. Para una estación de control, se considera que la fuente de posición es un equipo que está integrado en la estación de control o separado de la estación de control, pero muy cerca de ella. Para los VANTs de identificación remota estándar, la ANAC deberá proponer que la posición informada de la aeronave no tripulada y la estación de control debería tener una precisión de 30 metros de la posición real, con una probabilidad del 95 por ciento.

2. Precisión de altitud geométrica

    La ANAC propondrá que, para los VANTs de identificación remota estándar, la altitud de presión barométrica informada para la aeronave no tripulada y la estación de control debe tener una precisión de 6 metros de la altitud de presión barométrica verdadera para altitudes de presión que van de 0 a 3000 metros. La ANAC solicitará comentarios de los diseñadores y productores de VANTs y otras personas interesadas sobre si el requisito de precisión de altitud de presión barométrica propuesto es consistente con las capacidades de desempeño de VANTs actuales y futuras previstas. La ANAC decidirá adoptar el requisito de que la identificación remota estándar incluya una indicación de la altitud de la estación de control como un elemento de mensaje requerido. Aunque el requisito de precisión de altitud de presión barométrica es interesante, se deberá realizar una transición a una indicación de altitud geométrica que garantizará diferentes requisitos de precisión para la estación de control y la aeronave no tripulada. Para las aeronaves no tripuladas, la ANAC estará adoptando un requisito de precisión de altitud geométrica que es compatible con las fuentes de posición comerciales listas para usar, como los receptores GPS integrados en muchas aeronaves no tripuladas existentes. La altitud geométrica informada para la aeronave no tripulada debe tener una precisión de 45 metros de la altitud geométrica verdadera, con una probabilidad del 95 por ciento. La ANAC esperará que las futuras aeronaves no tripuladas aprovechen los avances tecnológicos en la precisión de la altitud geométrica para proporcionar una precisión aún mayor a medida que evolucionan las tecnologías. Para la estación de control, la ANAC estará adoptando un requisito de precisión de altitud geométrica que es compatible con los requisitos de desempeño que se establecen para los proveedores de servicios celulares que permite a los proveedores de servicios de emergencia ubicar con precisión la posición geográfica del dispositivo móvil. La altitud geométrica informada para la aeronave no tripulada debe tener una precisión de 5 metros de la altitud geométrica verdadera, con una probabilidad del 95 por ciento. La ANAC deberá anticipar que la mayoría de las aeronaves no tripuladas de identificación remota estándar se diseñarán para emparejarse con un teléfono inteligente o dispositivo inteligente existente para proporcionar la información de ubicación de la estación de control. Si el diseño de la aeronave no tripulada no utiliza un teléfono inteligente o dispositivo inteligente como fuente de posición para la ubicación de la estación de control, la ANAC creerá que el requisito de precisión de altitud geométrica es compatible con el rendimiento de los receptores GPS modernos. El requisito de precisión de altitud geométrica es un requisito de diseño y no un requisito de rendimiento operativo, y el método de prueba específico para garantizar que el diseño de la aeronave no tripulada cumpla con este requisito de precisión se revisará y evaluará como parte del proceso de aceptación de los medios de cumplimiento.

3. Latencia del mensaje de identificación remota
   La ANAC deberá proponer una latencia de no más de un segundo para el conjunto de mensajes de identificación remota para VANT de identificación remota estándar. Este es el tiempo entre que una posición es medida por la aeronave no tripulada o fuente de posición de la estación de control y cuando es emitida por el equipo de identificación remota. La ANAC propondrá que el requisito de latencia se aplique tanto al conjunto de mensajes transmitidos como al conjunto de mensajes de difusión. La ANAC señalará que el requisito de latencia no se aplica a ningún sistema externo al VANT, como los receptores de transmisión o los dispositivos de visualización de información.

4. Tasa de transmisión de mensajes de identificación remota
   La ANAC propondrá una tasa de transmisión de al menos 1 mensaje por segundo (1 hertz) como la tasa de transmisión mínima para los elementos del mensaje de identificación remota para VANT de identificación remota estándar. La tasa de transmisión propuesta se aplica tanto a los elementos del mensaje transmitidos como a la difusión, y es la tasa mínima a la que el mensaje de identificación remota sería transmitido por el equipo de identificación remota.

ELEMENTOS DE MENSAJE Y REQUISITOS MÍNIMOS DE RENDIMIENTO: MÓDULOS DE DIFUSIÓN DE IDENTIFICACIÓN REMOTA

La ANAC tendrá que estar promulgando esta regla con un marco regulatorio que permita a las personas equipar aeronaves no tripuladas con módulos de transmisión de identificación remota para permitirles identificarse remotamente.

El módulo de transmisión de identificación remota es una opción de actualización que brinda flexibilidad para lograr la identificación remota para los operadores de aeronaves no tripuladas que no califican como estándar remoto.

Identificación de aeronaves no tripuladas
Los elementos de mensaje requeridos y los requisitos mínimos de rendimiento para los módulos de difusión de identificación remota se tratan en esta sección.

Un módulo de difusión de identificación remota debe difundir los siguientes elementos de mensaje: un identificador único (el número de serie asignado al módulo de difusión de identificación remota); una indicación de la latitud, longitud y altitud geométrica de la aeronave no tripulada; una indicación de la latitud, longitud y altitud geométrica del lugar de despegue de la aeronave no tripulada; una indicación de la velocidad de la aeronave no tripulada; y una marca de tiempo. Los elementos de mensaje para los módulos de difusión de identificación remota son los mismos que los de las aeronaves no tripuladas de identificación remota estándar, con la excepción de la ubicación y altitud de la estación de control, la indicación del estado de emergencia y la ID de sesión. Los módulos de difusión de identificación remota deben incluir la ubicación y la altitud de despegue de la aeronave no tripulada como elemento de mensaje en lugar de la ubicación y altitud de la estación de control. Además, los módulos de difusión de identificación remota no pueden utilizar un ID de sesión como identificador único.

De lo contrario, los siguientes elementos de mensaje requeridos son idénticos a los requeridos para aeronaves no tripuladas de identificación remota estándar:
- Un identificador único.
- Una indicación de la latitud, longitud y altitud geométrica de la aeronave no tripulada.
- Una indicación de la velocidad de la aeronave no tripulada.
- Una marca de tiempo.

Los requisitos mínimos de rendimiento y los requisitos de rendimiento de los elementos de mensaje para los módulos de difusión de identificación remota son similares a los de las aeronaves no tripuladas de identificación remota estándar, pero se modifican para adaptarse al uso de módulos de difusión en aeronaves no tripuladas producidas sin identificación remota.

Una de las diferencias entre los requisitos para las aeronaves no tripuladas de identificación remota estándar y los módulos de difusión de identificación remota es que este último incluye la ubicación del despegue como un elemento de mensaje en lugar de la ubicación de la estación de control. Debido a que el módulo de difusión de identificación remota puede ser un módulo separado asegurado a la aeronave no tripulada o implementado a través de una actualización de software utilizando equipo existente en la aeronave no tripulada, un requisito para transmitir una indicación de la ubicación de la estación de control puede no ser factible.

Sin embargo, la ANAC sostendrá que el conocimiento de la ubicación del piloto remoto es un componente necesario de la identificación remota. Por lo tanto, la ANAC requerirá que el módulo de transmisión de identificación remota proporcione una indicación de la ubicación de despegue de la aeronave no tripulada como un proxy para la ubicación del piloto remoto.

La ANAC esperará que este elemento de mensaje sea un elemento de mensaje estático que no cambie durante la operación de vuelo de la aeronave no tripulada. La ANAC se deberá negar a prescribir cómo el módulo de transmisión de identificación remota determina la ubicación del despegue, pero anticipará que el equipo se diseñará de manera que permita que la latitud y la longitud de la ubicación del despegue se determinen y almacenen como parte de la inicialización del módulo de transmisión. antes del despegue. La ANAC también tendrá que ir adoptando un requisito para indicar la altitud geométrica de la ubicación de despegue de la aeronave no tripulada, en lugar de la altitud de la estación de control. Esta información ayudará a determinar si la ubicación del despegue fue desde el nivel del suelo o desde alguna otra elevación.

Según esta regla final, el elemento de mensaje de ubicación de despegue transmitido por módulos de transmisión de identificación remota puede no ser distinguible del elemento de mensaje de ubicación de estación de control transmitido por aeronaves no tripuladas de identificación remota estándar. Como tal, es posible que una aplicación de teléfono inteligente que esté siendo utilizada por un miembro del público para mostrar información de identificación remota no pueda distinguir inmediatamente entre si una indicación es una ubicación de despegue o una ubicación de estación de control únicamente a partir de los requisitos de la ANAC. La ANAC señalará, sin embargo, que las aplicaciones de dispositivos inteligentes que muestran información de identificación remota pueden reconocer esta distinción al detectar el elemento del mensaje de estado de emergencia que solo se transmite mediante aeronaves no tripuladas de identificación remota estándar. Además, como se discutió anteriormente, la ANAC señalará que los estándares de consenso de la industria pueden incluir requisitos de elementos de mensaje más allá de los requisitos mínimos de rendimiento de la ANAC, y tal estándar podría incluir métodos para diferenciar estos elementos de mensaje.

Otras diferencias entre los requisitos mínimos de rendimiento para aeronaves no tripuladas de identificación remota estándar y los módulos de difusión de identificación remota incluyen la eliminación del requisito de diseño de que la aeronave no tripulada no puede despegar si no supera la auto prueba o no transmite los elementos del mensaje. También existen consideraciones de interferencia para acomodar el uso de módulos de transmisión en tipos compatibles de aeronaves no tripuladas y ajustes en el requisito de precisión para la indicación de la altitud geométrica del lugar de despegue.

Para cumplir con los requisitos mínimos de desempeño establecidos en esta regla, el equipo debe ser capaz de registrar la posición geométrica y la altitud geométrica del lugar de despegue de la aeronave no tripulada para que estas indicaciones sean transmitidas por el equipo de identificación remota. El lugar de despegue de la aeronave debe cumplir con los requisitos de precisión posicional. La altitud del lugar de despegue debe cumplir con los requisitos de precisión de altitud geométrica aplicables a la aeronave no tripulada.

PREOCUPACIONES POR LA PRIVACIDAD EN LA TRANSMISIÓN DE INFORMACIÓN DE IDENTIFICACIÓN REMOTA

Como se explica en la regla propuesta, los elementos del mensaje de identificación remota de la transmisión estarían disponible públicamente para cualquier dispositivo capaz de recibir la transmisión. La regla propuesta explicaba que, aunque los elementos del mensaje en sí mismos serían información de acceso público, la capacidad de hacer una referencia cruzada de esa información con datos de registro no públicos no estaría a disposición del público. Esta información se limitaría a la ANAC y estaría disponible solo para agencias gubernamentales con el propósito de seguridad o aplicación de las leyes, a menos que la ley exija lo contrario.

Aunque los elementos del mensaje de identificación remota transmitidos desde aeronaves no tripuladas son información disponible públicamente, los datos de registro pertenecientes a individuos están protegidos de acuerdo con los requisitos de las leyes de privacidad nacional.

Para aquellas personas que registran aeronaves pequeñas no tripuladas, la única información de registro generalmente disponible para el público incluye el país, estado, ciudad, código postal y número de aeronaves no tripuladas del registrante. Para las personas y entidades que registran aeronaves no tripuladas, incluidas las aeronaves pequeñas no tripuladas, la información de registro generalmente disponible para el público incluye el nombre del registrante, la dirección postal, el país, el estado, la ciudad, el código postal e información adicional sobre las aeronaves no tripuladas registradas. Para ambas categorías de registro de aeronaves no tripuladas, estos son los mismos elementos de datos que siempre han estado disponibles públicamente y no se modifican por esta regla. Los números de serie de aeronaves no tripuladas no se incluyen en la información disponible públicamente en el registro para aquellos que se registran. Al igual que con toda la otra información mantenida dentro del registro, la ANAC deberá implementar las medidas de privacidad y seguridad necesarias para proteger los datos mantenidos en el sistema de registro. Por lo tanto, la ANAC no creerá que existan preocupaciones apremiantes con respecto a la fuga de datos de los números de serie.

Debido a que el número de serie generalmente no está disponible para el público, los miembros del público no podrán correlacionar un número de serie transmitido con la información de identificación de la persona que posee el VANT a través del registro público. Además, la ANAC no divulgará rutinariamente, información de identificación de personas que se registren, al público a menos que un miembro del público proporcione el número de registro de aeronave no tripulada, que no es uno de los elementos de datos que transmitirá la aeronave no tripulada. Los miembros del público generalmente no pueden recibir el nombre o la dirección de un registrante si su solicitud a la ANAC identifica solo el número de serie, en lugar del número de registro.

Cualquier correlación de otra información en poder de la ANAC que identificaría a cualquier miembro individual del público más allá de los elementos del mensaje de identificación remota pública se limitará estrictamente a la ANAC para autorizar y otro personal gubernamental y policial que opere en sus capacidades oficiales de conformidad con todas las leyes, limitaciones y uso autorizado de la información. Esta correlación puede ocurrir con datos tales como información de registro de aeronaves no tripuladas en poder de la ANAC, autorizaciones para operar VANT, y cualquier exención de los requisitos operativos. Todo el personal, ya sea de la ANAC u otro gobierno o aplicación de la ley, al que se le permita acceder a los datos deberá estar autorizado y accederá a la información solo a través de canales aprobados y seguros cuando sea necesario realizar las acciones adecuadas autorizadas por la ley de acuerdo con todo el debido proceso y otros requisitos legales y constitucionales.

Los operadores de VANT transmitirán el número de serie o la identificación de sesión de su aeronave no tripulada. Sin embargo, ese número de serie no es identificativo a menos que esté correlacionado con la información en las bases de datos de registro de aeronaves de la ANAC. El acceso a la base de datos está estrictamente controlado y ningún miembro del público puede tener acceso a la base de datos de la ANAC; La información contenida en la base de datos se divulgará a los miembros del público solo de acuerdo con la Ley de Privacidad. Al igual que con la información correlacionada con las ID de sesión, el acceso se limitará al personal oficial autorizado que se dedique a tareas aprobadas con la base legal y la autoridad adecuadas. Para las personas con inquietudes acerca de la transmisión del número de serie de la aeronave no tripulada, se puede usar y transmitir una identificación de sesión en lugar del número de serie para ayudar a proteger la privacidad del usuario individual o la confidencialidad de una empresa.

La única información que se difundirá o estará disponible públicamente son los elementos del mensaje de identificación remota. Como estos elementos de mensaje se transmitirán directamente desde la aeronave no tripulada, son datos públicos.

Acceso del gobierno y las fuerzas del orden a la información de identificación remota

Además de ayudar a la ANAC en su aplicación civil de las regulaciones, la ANAC anticipará que las agencias policiales y federales encontrarán información de identificación remota útil para hacer cumplir las leyes, la seguridad pública y los propósitos de seguridad. La ANAC deberá prever emparejar datos de identificación remota con ciertos datos de registro, cuando sea necesario, para las agencias policiales y federales acreditadas y verificadas. La información podría usarse para identificar, ubicar o contactar a la persona que manipula los controles de vuelo del VANT durante una respuesta a un incidente. Esta información ayudará con la discriminación preliminar por amenazas.

Por ejemplo, cuando se correlaciona con la información de registro, la identificación remota de VANT también permite a los agentes del orden determinar alguna información sobre quién es el propietario de la aeronave no tripulada antes de interactuar con la persona que manipula los controles de vuelo del VANT. Además, una vez ubicado, un oficial de la ley puede hablar con la persona que manipula los controles de vuelo del VANT para obtener información potencial sobre sus intenciones y permitirle al oficial educar a la persona que manipula los controles de vuelo del VANT o comenzar una investigación. Si bien la identificación remota de VANT puede no disuadir a todos los actores nefastos, esta regla permite la rápida interceptación de personas descuidadas que manipulan los controles de vuelo del VANT y puede ayudar a los socios de seguridad y aplicación de la ley a centrar sus esfuerzos en actores verdaderamente nefastos. Esta información también ayudará en cualquier acción de ejecución penal o civil posterior.

1. Acceso de las fuerzas del orden a la información de identificación remota

    Una transmisión de identificación remota es, por

naturaleza e intención, pública. Aunque la identificación remota proporciona conocimiento de la situación a las fuerzas del orden, también proporcionará al público información básica sobre una aeronave no tripulada en particular para facilitar la notificación a las fuerzas del orden, si corresponde. Sin embargo, esta información será anónima. Según esta regla, la ANAC no otorgará a los miembros del público acceso a información que pueda estar correlacionada con una aeronave u operación no tripulada en particular. Esto es similar a la transmisión pública ADS-B Out emitida por aeronaves tripuladas. Como en el caso de ADS-B Out, es posible que miembros del público puedan desarrollar sistemas para rastrear y agregar información sobre vuelos VANT, pero esos sistemas no incluirían información personal de las bases de datos de la ANAC.

La ANAC encontrará que la información de identificación remota juega un papel crítico en la discriminación de amenazas por parte de las fuerzas del orden y las entidades de seguridad nacional, independientemente de la clase de espacio aéreo. Los funcionarios encargados de hacer cumplir la ley deberán dejar en claro que puede ser muy difícil tomar una decisión sobre el riesgo que representa una persona que manipula los controles de vuelo del VANT con la información limitada disponible al observar visualmente una aeronave no tripulada. La información de identificación remota permitirá una mejor discriminación de amenazas, una respuesta policial inmediata y adecuada y una investigación de seguimiento más eficaz. Esto se debe a que la información de identificación remota puede correlacionarse con la información del registro de aeronaves no tripuladas para informar a los agentes del orden sobre el propietario registrado. Esta información, junto con la ubicación en tiempo real del operador de aeronaves no tripuladas, proporciona información fundamental para la decisión de un oficial de policía sobre si la intervención es apropiada. El mensaje de identificación remota se transmite a través de un espectro de radiofrecuencia sin licencia y, por lo tanto, sería accesible para cualquier dispositivo capaz de recibir esa transmisión. Aunque la ANAC no considerará que un dispositivo de este tipo sea costoso, esta regla no impone ningún requisito de cumplimiento a las agencias policiales locales, dejándolas libres para elegir no utilizar la identificación remota como herramienta.

El enfoque regulatorio de la ANAC se basará en el supuesto fundamental de que las entidades reguladas cumplirán con las reglas; la ANAC no asumirá incumplimiento. Reconociendo que no todas las entidades cumplirán con las regulaciones, la ANAC estará promulgando esta regla como una herramienta para ayudar a las autoridades relevantes a distinguir entre actores que cumplen y no cumplen. La ANAC reconocerá que ciertos actores nefastos pueden no cumplir con los requisitos de identificación remota; sin embargo, el hecho de que una aeronave no tripulada o una operación de aeronave no tripulada no cumpla con las normas es un dato importante que las fuerzas del orden público deben tener en cuenta al realizar un análisis de amenazas. Un actor que no cumple se destacará, lo que permitirá a las fuerzas del orden cambiar su atención de manera apropiada. Incluso si el actor que no cumple no tiene intenciones nefastas, este tipo de discriminación por amenazas tiene valor. Un operador descuidado o desorientado puede estar introduciendo un riesgo innecesario en el espacio aéreo de Argentina sin darse cuenta. La identificación remota permite a las autoridades apropiadas identificar al operador para seguimiento o educación sobre cómo operar de manera segura y de conformidad con las reglas de la ANAC.

2. Usos de la información de identificación remota por parte de las fuerzas del orden

La ANAC enfatizará que cualquier uso de datos de

identificación remota por parte de las fuerzas del orden estará sujeto a todas las restricciones constitucionales y cualquier otra restricción legal aplicable. El propósito de esta regla es proporcionar una herramienta para identificar una aeronave no tripulada y localizar a su operador. Uno de esos usos es ayudar a las fuerzas del orden locales a participar en la discriminación por amenazas mientras cumplen con sus obligaciones legales de hacer cumplir la ley. Esta reglamentación no habla del uso de la información por parte de las agencias policiales o cómo los datos de identificación remota se correlacionarán con otros datos policiales. La información en tiempo real es fundamental para la aplicación de la ley y la seguridad nacional porque el cumplimiento es una herramienta útil para la discriminación de amenazas.

La ANAC considerará que los requisitos de identificación remota son análogos a los vehículos de transporte terrestre. Aunque la información de conducción en tiempo real no está disponible para todos los vehículos en la calle/ruta, las fuerzas del orden público pueden ver una indicación de cierto estado de cumplimiento para todos los vehículos mediante marcas visibles como una placa de matrícula, marca de registro y marca de inspección. De manera similar, un vehículo que no cumpla con la exhibición, el registro o la inspección de la placa de matrícula sería evidente para las autoridades policiales, y el conductor comparte el mismo lugar con el vehículo. Actualmente no existe un sistema estandarizado para consultar dicha información para aeronaves no tripuladas con fines policiales y de seguridad nacional, y esta regla satisfaría esa necesidad.

3. Capacitación de las fuerzas del orden sobre información de identificación remota

    La ANAC deberá participar activamente en actividades de divulgación y educación significativas para las fuerzas del orden en muchos asuntos relacionados con los VANT, incluida la educación de la comunidad de seguridad pública para que comprendan cómo distinguir y responder a las operaciones de VANT autorizadas y no autorizadas o inseguras. La ANAC también mantendrá un juego de herramientas actualizado para la seguridad pública y los usuarios gubernamentales. El deseo de un sistema fácil de usar para reportar operaciones ilegales de aeronaves no tripuladas está fuera del alcance de esta reglamentación. El propósito de esta regla es proporcionar una herramienta para localizar e identificar una aeronave no tripulada y localizar a su operador. Uno de esos usos es ayudar a las fuerzas del orden locales a participar en la discriminación por amenazas mientras cumplen con sus deberes policiales. Esta reglamentación no habla del uso de información por parte de las agencias de aplicación de la ley, o cómo los datos de identificación remota se correlacionarán con otros datos de aplicación de la ley.

ÁREAS DE IDENTIFICACIÓN RECONOCIDAS POR LA ANAC (AIRA)

Las áreas de identificación reconocidas por la ANAC son ubicaciones donde las aeronaves no tripuladas puedan operar sin equipo de identificación remota.

Elegibilidad

La ANAC discutirá el propósito de las áreas de identificación reconocidas por la ANAC y reconocerá que después de la fecha de cumplimiento de producción, a menos que un VANT cayera en una excepción como los VANT construidos por aficionados, la mayoría de los VANT tendrían identificación remota. Debido a que la ANAC deberá reconocer que ciertos VANTs, como los VANTs de aficionados o construidos en el hogar, no podrían equiparse, la ANAC deberá proponer que una OBC (Organización Basada en la Comunidad) reconocida por la administración sería elegible para solicitar el establecimiento de un sitio de vuelo como un área de identificación reconocida por la ANAC para permitir operaciones de VANT sin identificación remota dentro de esas áreas. Esta regla mantiene la elegibilidad para OBC[5]. Además, para acomodar mejor los programas de ciencia, tecnología, ingeniería y matemáticas y fomentar la participación en la aviación con fines educativos, la regla amplía esa elegibilidad para incluir también a las instituciones educativas, incluidas las instituciones de educación primaria y secundaria, escuelas profesionales, colegios y universidades.

La ANAC postulará que la elegibilidad para solicitar el establecimiento de un área de identificación reconocida por la ANAC (AIRA) debe ampliarse para incluir instituciones educativas. Las organizaciones comunitarias seguirán siendo elegibles para postularse.

La ANAC incluirá instituciones educativas, incluidas instituciones educativas primarias y secundarias, escuelas de oficios, colegios y universidades, en reconocimiento del papel fundamental que desempeñan en la provisión de caminos hacia las carreras de aviación, ya sea a través de planes de estudios de ciencia, tecnología, ingeniería y matemáticas; la construcción y vuelo de aeronaves no tripuladas; u otras actividades educativas. La ANAC determinará que es apropiado permitir que las instituciones educativas soliciten el establecimiento de áreas de identificación reconocidas por la ANAC. La ANAC deberá creer que extender la capacidad de solicitar el establecimiento de áreas de identificación reconocidas por la ANAC a las instituciones educativas proporcionará ubicaciones convenientes adicionales para que aquellos asociados con la institución educativa puedan operar aeronaves no tripuladas sin identificación remota y reducir los costos asociados con el tiempo de viaje a otros Áreas de identificación reconocidas por la ANAC.

La administración aeronáutica considerará que ampliar la elegibilidad a las OBC y las instituciones educativas en todos los niveles es suficiente para satisfacer las necesidades de los folletos modelo de los estudiantes y se niega a ampliar la elegibilidad a los gobiernos estatales y locales. La ampliación de la elegibilidad a los gobiernos estatales y locales podría ampliar el alcance de las áreas de identificación reconocidas por la ANAC hasta un punto que socavaría la eficacia de la identificación remota. El propósito de las áreas de identificación reconocidas por la ANAC es ayudar a acomodar modelos de aeronaves tradicionales, muchos de los cuales son aeronaves no tripuladas construidos en casa y pueden no cumplir con los requisitos de identificación remota, y no proporcionar sitios para que los gobiernos estatales o locales operen.

La ANAC se negará a extender la elegibilidad para solicitar áreas de identificación reconocidas por la ANAC a cualquier individuo o propietario individual, independientemente de su afiliación.

La ANAC considerará que las OBC y las instituciones educativas pueden desempeñar una función importante en la promoción de la seguridad en los vuelos recreativos de VANT. Estas organizaciones deben presentar solicitudes para cualquier sitio para el que soliciten el establecimiento de áreas de identificación reconocidas por la ANAC. Solo presentando una solicitud y proporcionando a la ANAC la información solicitada, la ANAC podrá evaluar de manera apropiada y objetiva cada sitio para determinar su elegibilidad.

Límite de tiempo para enviar una solicitud para solicitar un área de identificación reconocida por la ANAC

La ANAC deberá determinar que habrá una necesidad continua de áreas de identificación reconocidas por la ANAC para ciertos tipos de aeronaves no tripuladas, como aeronaves no tripuladas construidas en el hogar, y que estas áreas no se eliminarán gradualmente. Aunque la ANAC considerará que la adición de la opción del módulo de transmisión de identificación remota y la eliminación de los requisitos de red, propuestos en otros países, reducirían la necesidad de áreas de identificación reconocidas por la ANAC, la ANAC aún deberá prever una necesidad continua de estas áreas para algunos operadores, como algunos VANTs, hechos en hogares, que no pueden equiparse, y programas educativos de ciencia, tecnología, ingeniería y matemáticas.

Proceso para solicitar un área de identificación reconocida por la ANAC y una revisión de la ANAC para su aprobación

Las solicitudes para el establecimiento de un área de identificación reconocida por la ANAC deben incluir: (1) el nombre de la organización comunitaria o institución educativa elegible; (2) el nombre de la persona que realiza la solicitud en nombre de las personas elegibles (es decir, la OBC o institución educativa); (3) una declaración de que la persona que hace la solicitud tiene la autoridad para actuar en nombre de la organización comunitaria o institución educativa; (4) el nombre y la información de contacto, incluidos los números de teléfono, del punto de contacto principal para las comunicaciones con la ANAC; (5) la dirección física del área de identificación reconocida por la ANAC propuesta; (6) la ubicación del área de identificación reconocida por la ANAC en la forma y manera prescritas por la administración; (7) si corresponde, una copia de cualquier carta de acuerdo existente con respecto al lugar de vuelo; (8) una descripción del propósito previsto del área de identificación reconocida por la ANAC y por qué las áreas de identificación reconocidas por la ANAC propuestas son necesarias para ese propósito; y (9) cualquier otra información requerida por la administración

La ANAC propondrá que la misma pueda considerar ciertos criterios al revisar una solicitud para el establecimiento de un área de identificación reconocida por la ANAC. Esta regla aclara los criterios para explicar cómo la ANAC puede evaluar la ubicación solicitada de un área de identificación reconocida por la ANAC. La ANAC aclarará que puede considerar la existencia de restricciones de vuelo o espacio aéreo y reglas de vuelo especiales, incluidas las restricciones o regulaciones que limitan el vuelo de VANT por seguridad, eficiencia, seguridad nacional, que pueden superponerse a un área de identificación reconocida por la ANAC solicitada o establecida. La administración también puede considerar la necesidad de un área de identificación reconocida por la ANAC en la ubicación propuesta y la proximidad de otras áreas de identificación reconocidas por la ANAC para determinar si concede o niega una solicitud. La eficacia de la identificación remota depende de que la mayoría de los operadores se identifiquen de forma remota, por lo tanto, estas consideraciones son necesarias para evitar que se socave esa eficacia. La ANAC deberá eliminar los criterios separados de los efectos sobre la capacidad del espacio aéreo, determinando que el criterio ya está incluido en la consideración del uso seguro y eficiente del espacio aéreo por otras aeronaves.

La ANAC estará adoptando los otros criterios (por ejemplo, el uso seguro y eficiente del espacio aéreo por otras aeronaves y la seguridad y protección de las personas o propiedades en tierra) según lo propuesto.

La ANAC emitirá una circular de asesoramiento para proporcionar orientación adicional sobre las áreas de identificación reconocidas por la ANAC, que se publicará después de esta reglamentación.

Lista oficial de áreas de identificación reconocidas por la ANAC

La ANAC declarará que mantendrá una lista de áreas de identificación reconocidas por la ANAC en su página web, y que la ubicación de las áreas de identificación reconocidas por la ANAC estará disponible para el público. La lista permitiría a los operadores de aeronaves no tripuladas sin identificación remota, y al público, mantenerse informados sobre estos lugares donde se pueden volar aeronaves no tripuladas sin identificación remota. Además, el personal policial y de seguridad podría identificar si una aeronave no tripulada sospechosa sin identificación remota está operando legalmente dentro de un área de identificación reconocida por la ANAC. Aunque no se recibieran comentarios sobre este aspecto de la propuesta, la ANAC creerá que es apropiado mantener la flexibilidad con respecto a los medios por los cuales la ANAC publicará las ubicaciones de las áreas de identificación aprobadas y reconocidas por la ANAC y garantizará que la información esté disponible en un formato útil para el público volador y otras partes interesadas. La ANAC aclarará en esta regla que publicará la ubicación de las áreas de identificación reconocidas por la ANAC en un sitio web de acceso público en la forma y manera que prescriba la administración. Esto puede tomar la forma de una lista u otro formato, como una representación gráfica. Se proporcionará orientación adicional en la circular de asesoramiento sobre áreas de identificación reconocidas por la ANAC, que se publicará después de esta reglamentación.

Enmienda del área de identificación reconocida por la ANAC

La ANAC estará de acuerdo con los droneros y reconocerá que puede haber situaciones que requieran que los límites de un área de identificación reconocida por la ANAC sean alterados o reubicados por completo. La ANAC permitirá la presentación de límites geográficos revisados, pero evaluará la ubicación revisada. La ANAC deberá considerar que los cambios en la ubicación geográfica que requerirían límites geográficos completamente nuevos también pueden presentarse como una nueva solicitud para un área de identificación reconocida por la ANAC y estarían sujetos a los mismos criterios.

Duración, vencimiento y renovación de un área de identificación reconocida por la ANAC

LA ANAC propondrá un plazo de 48 meses calendario después de la fecha de aprobación para las áreas de identificación reconocidas por la ANAC. La ANAC explicará que una persona que desee renovar el área de identificación reconocida por la ANAC tendría que presentar una solicitud de renovación a más tardar 120 días antes de la fecha de vencimiento. En la propuesta, si se presenta una solicitud de renovación después de ese tiempo, pero antes de la fecha de vencimiento, la administración podría optar por no considerar la solicitud. La administración no considerará las solicitudes de renovación enviadas después de la fecha de vencimiento de la designación. La ANAC deberá determinar que 48 meses calendario es un plazo razonable para un intervalo de renovación. Un período de renovación de 48 meses calendario le da a la ANAC la oportunidad de actualizar su base de datos de áreas de identificación reconocidas por la ANAC para eliminar sitios abandonados y no operativos.

Solicitudes para cancelar un área de identificación reconocida por la ANAC

Permite que las áreas de identificación reconocidas por la ANAC canceladas voluntariamente se presenten para restablecerlas.

La ANAC deberá prever que el proceso para volver a presentar una solicitud sea el mismo que el proceso para las nuevas solicitudes, porque la solicitud se evaluaría según los mismos criterios y la limitación de 12 meses calendario para las nuevas solicitudes.

Terminación por parte de la ANAC y peticiones para reconsiderar la decisión de la ANAC de terminar un área de identificación reconocida por la ANAC

La ANAC deberá proponer que la misma podría cancelar un área de identificación reconocida por la ANAC por causa o tras un hallazgo, que incluye, entre otros: (1) el área de identificación reconocida por la ANAC puede plantear un riesgo para la seguridad de la aviación, la seguridad pública o la seguridad nacional; (2) un hallazgo de que el área de identificación reconocida por la ANAC ya no está asociada con una organización comunitaria reconocida por la administración; o (3) un hallazgo de que la persona que presentó una solicitud para el establecimiento de un área de identificación reconocida por la ANAC proporcionó información falsa o engañosa durante el proceso de presentación, enmienda o renovación.

La ANAC propondrá que una persona cuya área de identificación reconocida por la ANAC haya sido cancelada por la administración podría solicitar una reconsideración mediante la presentación de una solicitud de reconsideración dentro de los 30 días calendario posteriores a la fecha de emisión de la terminación.

Como se propone, una vez que la ANAC cancele un área de identificación reconocida por la ANAC, una OBC no podrá volver a solicitar que el área asociada se restablezca como un área de identificación reconocida por la ANAC. En esta regla, la ANAC aclarará que, salvo lo dispuesto en las peticiones de reconsideración, si la ANAC cancela un área de identificación reconocida por la ANAC en base a un hallazgo de que el área de identificación reconocida por la ANAC puede representar un riesgo para la seguridad de la aviación, seguridad pública o seguridad, ese lugar de vuelo ya no será elegible para ser un área de identificación reconocida por la ANAC mientras esas condiciones permanezcan vigentes. La ANAC también estará agregando "seguridad nacional" a la lista de consideraciones que pueden requerir la terminación, para que sea coherente. La ANAC deberá estar de acuerdo en que, si en algún momento existe una expectativa razonable de que la razón para terminar el área de identificación reconocida por la ANAC ya no es relevante, entonces una solicitud de área de identificación reconocida por la ANAC debe estar abierta a consideración.

La ausencia de un área de identificación reconocida por la ANAC no prohíbe que los VANTs operen en el área siempre que esos VANTs puedan identificarse de forma remota. Sin embargo, la ANAC reconocerá que la terminación de un área de identificación reconocida por la ANAC podría afectar a las personas que vuelan aeronaves no tripuladas sin identificación remota porque, por ejemplo, las personas tendrían que volar su aeronave no tripulada en otra área de identificación reconocida por la ANAC o tendrían que modernizar su aeronave no tripulada con un módulo de difusión de identificación remota.

Como se discute en esta regla, establece las bases para la terminación de un área de identificación reconocida por la ANAC. Debido al efecto de la posible rescisión en las personas que operan aeronaves no tripuladas, la ANAC deberá incluir un proceso de reconsideración para garantizar el debido proceso al proporcionar un plazo razonable para que las personas elegibles presenten una petición a la administración solicitando la reconsideración de la decisión. exponiendo los motivos que justifican la solicitud e incluyendo la documentación acreditativa. La ANAC creerá que este proceso es razonable y adecuado porque la terminación de un área de identificación reconocida por la ANAC no dejará en tierra aeronaves no tripuladas que puedan identificarse de forma remota, las personas pueden optar por modernizar sus aeronaves no tripuladas con módulos de transmisión de identificación remota si desean continuar volando en ese espacio aéreo, y pueden continuar volando sus aeronaves no tripuladas sin identificación remota en otras áreas de identificación reconocidas por la ANAC.

MEDIOS DE CUMPLIMIENTO

Regulación basada en el desempeño

La ANAC adoptará el marco regulatorio para la identificación remota con requisitos basados en el desempeño en lugar de un texto prescriptivo para proporcionar una regulación flexible que permita a una persona desarrollar un medio de cumplimiento, que puede incluir estándares de consenso de la industria, que se ajusta al rápido ritmo del cambio tecnológico, innovación, diseño y desarrollo sin dejar de cumplir los requisitos reglamentarios. Los requisitos basados en el desempeño describen los resultados, las metas o los resultados sin establecer un medio o proceso específico que deben seguir las entidades reguladas. La ANAC deberá reconocer que la tecnología VANT está en continua evolución, por lo que es necesario armonizar la acción regulatoria con el crecimiento tecnológico. Establecer requisitos de desempeño es una forma de promover esa armonización.

La ANAC alentará a los organismos de estándares de consenso a desarrollar medios de cumplimiento y enviarlos a la ANAC para su aceptación. Estos órganos generalmente incorporan apertura, equilibrio, debido proceso, proceso de apelaciones y revisión por pares. La ANAC tendrá la intención de confiar cada vez más en los estándares de consenso como medio aceptado por la misma de cumplimiento de las regulaciones basadas en el desempeño de VANT para identificación remota, de acuerdo con el precedente de la VANT para aeronaves de aviación general y otras iniciativas tomadas con respecto a VANT.

El enfoque se alineará con la política regulatoria que requiere que las regulaciones <u>sean tecnológicamente neutrales y, en la medida de lo posible, deben especificar objetivos de desempeño, en lugar de prescribir conductas específicas que las entidades reguladas deben adoptar.</u> Se debe favorecer el uso de normas basadas en desempeño y estándares de consenso voluntario. Para los casos en los que no existan estándares de consenso voluntarios adecuados, la administración puede considerar el uso de otros tipos de estándares. Además, la administración puede desarrollar sus propios estándares o utilizar otros estándares exclusivos del gobierno, solicitar el interés de organizaciones de desarrollo de estándares calificadas para el desarrollo de un estándar. Se advertirá a los reguladores que eviten estándares con sesgos a favor de unos pocos grandes fabricantes que crean una ventaja competitiva injusta.

Según lo promulgado en esta regla, una persona puede utilizar un medio de cumplimiento para cumplir con los requisitos mínimos de desempeño de identificación remota. La ANAC deberá determinar que el uso de un estándar de consenso aceptado por la ANAC como medio de cumplimiento brinda a las partes interesadas la flexibilidad para cumplir con los requisitos de identificación remota. Sin embargo, la ANAC reconocerá que los estándares de consenso son una forma, pero no el único medio, de demostrar el cumplimiento de los requisitos de desempeño de esta regla. La ANAC deberá enfatizar que, aunque un medio de cumplimiento desarrollado por un organismo de estándares de consenso puede estar disponible, cualquier individuo u organización puede presentar sus propios medios de cumplimiento a la administración para consideración y posible aceptación.

Presentación de un medio de cumplimiento

Cualquier persona puede presentar un medio de cumplimiento para su aceptación por parte de la ANAC. Se establecerá la información que debe enviarse para buscar la aceptación de la ANAC de un medio de cumplimiento, y requiere un medio de cumplimiento que incluya procedimientos de prueba y validación.

El proceso es un componente esencial del marco de identificación remota porque los diseñadores y productores de aeronaves no tripuladas de identificación remota estándar o módulos de transmisión de identificación remota utilizarán un medio de cumplimiento aceptado por la ANAC para garantizar que las aeronaves no tripuladas o los módulos de transmisión cumplan con los requisitos mínimos de rendimiento. de esta regla.

La administración no planeará en divulgar públicamente los detalles o la especificación de ningún medio de cumplimiento aceptado por la ANAC o documentos relacionados porque pueden contener datos de propiedad exclusiva o información comercialmente valiosa. Sin embargo, la ANAC estará publicando una circular de asesoramiento sobre el proceso de medios de cumplimiento para la identificación remota de sistemas de aeronaves no tripuladas, que proporciona más orientación sobre el proceso. La circular de advertencia trata el proceso y la información que debe presentarse y estará disponible en el expediente público para esta reglamentación.

Se permite que cualquier persona presente un medio de cumplimiento. Esto incluye, entre otros, organismos de consenso estándar, diseñadores y productores de aeronaves no tripuladas u otras personas (por ejemplo, universidades o individuos). Un productor debe utilizar un medio de cumplimiento aceptado por la ANAC, pero puede ser cualquier medio de cumplimiento aceptado por la ANAC (por ejemplo, uno desarrollado por un tercero).

Si bien esta regla permite que un constructor de viviendas presente un medio de cumplimiento para la aceptación de la ANAC, la administración no esperará que muchos diseñadores y productores lo hagan porque las aeronaves no tripuladas construidas en casa están explícitamente excluidas de los requisitos de diseño y producción. Incluso cuando alguien optará voluntariamente por los requisitos de diseño y producción para producir una aeronave no tripulada de identificación remota estándar construida en el hogar, la ANAC no preverá que muchos presenten sus propios medios de cumplimiento. La ANAC esperará que la mayoría utilice un medio de cumplimiento aceptado por la ANAC presentado por otra persona, como un organismo de estándares de consenso.

La ANAC deberá determinar que los procedimientos de prueba y verificación son esenciales porque se utiliza un medio de cumplimiento aceptado por la ANAC para la producción de aeronaves no tripuladas de identificación remota estándar y módulos de transmisión de identificación remota. El requisito permite a la persona responsable de la producción de la aeronave no tripulada o el módulo de transmisión de identificación remota demostrar a la ANAC mediante análisis, prueba en tierra o prueba de vuelo, según corresponda, cómo la aeronave no tripulada o el módulo de transmisión realiza sus funciones previstas y cumple con los requisitos.

La ANAC aclarará que el marco de medios de cumplimiento se aplica a las aeronaves no tripuladas de identificación remota estándar fabricadas. Mientras que las aeronaves no tripuladas que están certificadas bajo los procesos de certificación de aeronavegabilidad pueden tener otros requisitos de identificación además de los incluidos en esta regla, los requisitos se aplicarán durante el proceso de certificación de tipo o de tipo complementario para la identificación remota estándar de aeronaves no tripuladas certificadas y producidas.

Aceptación de un medio de cumplimiento

Se prescribirá los requisitos para aceptar un medio de cumplimiento. Esta sección requiere que una persona demuestre a la administración que los medios de cumplimiento presentados para evaluación y posible aceptación abordan todos los requisitos, y que cualquier aeronave no tripulada de identificación remota estándar o módulo de difusión de identificación remota diseñado y producido en de conformidad con dichos medios de cumplimiento cumpliría con los requisitos de desempeño. También se aclarará que la administración evaluará un medio de cumplimiento que se presente a la ANAC y podrá solicitar información o documentación adicional, según sea necesario, para complementar los medios de conformidad. La administración notificará a la persona que presente los medios de cumplimiento si los medios de cumplimiento han sido aceptados o no.

Se debe aceptar un medio de cumplimiento antes de ser incluido en una declaración de cumplimiento para el diseño y producción de una aeronave no tripulada de identificación remota estándar o un módulo de transmisión de identificación remota. La ANAC reconocerá que el proceso de revisión y el tiempo de respuesta variarán y dependerán de la complejidad de la aplicación y la tecnología empleada. En determinadas circunstancias, la administración puede necesitar información o documentación adicional para complementar la presentación para poder tomar una determinación. Por lo tanto, la ANAC no puede comprometerse con un cronograma específico para la revisión porque el proceso es dinámico; sin embargo, la administración se compromete a trabajar con las partes interesadas y a asignar los recursos necesarios para revisar las presentaciones de los medios de cumplimiento de manera oportuna.

La ANAC indicará la aceptación de un medio de cumplimiento notificando al remitente y publicando un aviso en el Boletín Oficial identificando que se acepta un medio de cumplimiento. Todos los medios de cumplimiento aceptados por la ANAC se enumerarán en la página web oficial. La ANAC no revelará información de propiedad en el documento y solo proporcionará información general que indique que la ANAC ha aceptado los medios de cumplimiento. La ANAC puede divulgar la especificación de transmisión no patentada y el espectro de radiofrecuencia para que haya suficiente información disponible para desarrollar equipos y software de recepción y procesamiento para la ANAC, las fuerzas del orden público y el público.

La ANAC estará comprometida con la implementación de la identificación remota y estará desarrollando procedimientos internos y asignando los recursos apropiados para facilitar los procesos de revisión y aceptación. La ANAC deberá estar comprometida a trabajar con las partes interesadas internas y externas para garantizar que el proceso de presentación y la obtención de la aceptación por parte de la ANAC de un medio de cumplimiento se lleva a cabo de manera eficaz y oportuna.

La ANAC enfatizará que, aunque un medio de cumplimiento desarrollado por un organismo de estándares de consenso puede estar disponible, cualquier individuo u organización puede presentar sus propios medios de cumplimiento a la administración para su consideración y posible aceptación. Solo los medios de cumplimiento aceptados por la ANAC se pueden utilizar para producir aeronaves no tripuladas de identificación remota estándar y módulos de transmisión de identificación remota.

Rescisión de la aceptación de la ANAC de un medio de cumplimiento

La administración puede rescindir su aceptación de un medio de cumplimiento si ese medio de cumplimiento ya no cumple con los requisitos.

Un medio de cumplimiento aceptado por la ANAC permanecerá en efecto hasta que la ANAC anule su aceptación después de que la administración determine que el medio de cumplimiento no cumple con los requisitos de. Esto significa que una aeronave no tripulada de identificación remota estándar o una identificación remota módulo de transmisión que se produce bajo un medio de cumplimiento que sigue siendo aceptado por la ANAC, sin importar lo antiguo que sea, cumple con los requisitos de esta regla siempre que continúe cumpliendo con todos los requisitos. La presentación de los nuevos medios de cumplimiento para la fabricación de aeronaves no tripuladas de identificación remota estándar nuevas o mejoradas o módulos de transmisión de identificación remota que aborden los avances tecnológicos no hacen que las versiones anteriores sean obsoletas.

En el caso de que se rescindan los medios de cumplimiento, la aceptación por parte de la ANAC de cualquier declaración de cumplimiento que se base en los medios de cumplimiento que ya no se aceptan también puede rescindirse. La ANAC podrá permitir que el remitente de la declaración de cumplimiento aceptada por la ANAC enmiende la declaración de cumplimiento para incluir otro medio de cumplimiento aceptado por la misma, siempre que la aeronave no tripulada de identificación remota estándar o el módulo de transmisión de identificación remota producido y listado en la declaración de cumplimiento cumple con los nuevos medios de cumplimiento enumerados. La ANAC no rescindirá su aceptación de una declaración de cumplimiento que se modifique de inmediato para enumerar otros medios de cumplimiento aceptados por la misma. Sin embargo, la falta de enmienda de la declaración de cumplimiento puede resultar en la rescisión de la aceptación de la declaración de cumplimiento por parte de la ANAC

Requisitos de retención de registros

De acuerdo con esta sección, una persona que presente un medio de cumplimiento debe conservar toda la documentación y los datos de sustentación presentados a la ANAC para la aceptación del medio de cumplimiento; registros de todos los procedimientos de prueba, metodología y otros procedimientos, según corresponda; y cualquier otra información necesaria para justificar y fundamentar cómo los medios de cumplimiento permiten el cumplimiento de los requisitos de identificación remota. La persona debe conservar estos registros mientras se acepten los medios de cumplimiento, más 24 meses calendario adicionales. También se requiere que la persona ponga los registros a disposición para la inspección de la administración.

El requisito de retención de registros se aplica a todas las personas que posean medios de cumplimiento aceptados por la ANAC. Estos podrían ser, por ejemplo, organismos de estándares de consenso; diseñadores y productores de aeronaves no tripuladas de identificación remota de todos los tamaños; u otras personas (por ejemplo, universidades o individuos).

Los costos relacionados con el requisito de retención de registros están justificados por los beneficios que resultarán de la regla.

La ANAC aclarará que los VANTs construidos en el hogar no tienen que presentar un medio de cumplimiento. Los VANTs hogareños tampoco están obligados a cumplir con los requisitos de diseño y producción a menos que opten voluntariamente por dichos requisitos para construir en el hogar un VANT de identificación remota estándar. Si un constructor hogareño opta por los requisitos de diseño y producción, el diseñador y productor VANT puede desarrollar y utilizar sus propios medios de cumplimiento o puede utilizar un medio de cumplimiento aceptado por la ANAC en poder de otra persona (por ejemplo, un estándar de consenso). Esta persona no necesitaría cumplir con los requisitos de retención de datos a menos que opte por presentar sus propios medios de cumplimiento.

DISEÑO Y PRODUCCIÓN DE IDENTIFICACIÓN REMOTA

Aplicabilidad de los requisitos de diseño y producción

Se deberá prescribir los requisitos para el diseño y producción de aeronaves no tripuladas con identificación remota producidas para operación en el espacio aéreo de Argentina y módulos de transmisión de identificación remota. También prescribir requisitos de procedimiento para la presentación, aceptación y rescisión de declaraciones de cumplimiento y ciertas reglas que rigen a las personas que presentan declaraciones de cumplimiento para la aceptación de la ANAC.

La ANAC aclarará que no regula la venta o importación de aeronaves no tripuladas. Los requisitos se aplican a la producción de módulos de transmisión de identificación remota y la producción de aeronaves no tripuladas con identificación remota operadas en el espacio aéreo de Argentina. Cualquier persona, ya sea en el país o en un país extranjero, que produzca tales aeronaves no tripuladas o módulos de transmisión debe presentar una declaración de cumplimiento, proporcionar cierta información y aceptar cumplir con los requisitos de producción y ciertos términos y condiciones (por ejemplo, inspección, auditoría, soporte y notificación de productos, instrucciones). Si la persona produce una aeronave no tripulada o un módulo de transmisión que no está cubierto por una declaración de cumplimiento aceptada por la ANAC, la aeronave no tripulada o el módulo de transmisión no cumpliría con los requisitos de identificación remota y la operación se limitaría a un área de identificación reconocida por la ANAC cuando se realiza en el espacio aéreo de Argentina. Este marco regulatorio es necesario para asegurar que las aeronaves no tripuladas de identificación remota estándar y los módulos de transmisión de identificación remota utilizados en el espacio aéreo nacional puedan transmitir los elementos del mensaje de identificación remota requeridos por esta regla, independientemente de dónde se produzca la aeronave no tripulada o el módulo de transmisión.

Las personas que producen aeronaves no tripuladas identificadas, como se discute a continuación, no están sujetas a los requisitos y no necesitan seguir los requisitos de producción o presentar una declaración de cumplimiento.

Los requisitos de diseño y producción de esta regla se aplican a la mayoría de las aeronaves no tripuladas que operan en el espacio aéreo de Argentina. Son necesarios para garantizar que las aeronaves no tripuladas de identificación remota estándar y los módulos de transmisión de identificación remota utilizados el país transmitan los elementos del mensaje de identificación remota para permitir el cumplimiento de los requisitos operativos. La ANAC deberá determinar que es de interés para la seguridad requerir que la mayoría de las aeronaves no tripuladas se identifiquen de manera remota cuando operan en el espacio aéreo nacional. En consecuencia, deberá determinar que los requisitos de diseño y producción deben ser una regla de aplicabilidad general.

Excepciones a la aplicabilidad de los requisitos de diseño y producción

1. Excepciones: en general

    La ANAC deberá determinar que, como regla general, los requisitos de diseño y producción deben aplicarse a aeronaves no tripuladas operadas en el espacio aéreo de Argentina y no deben basarse en el uso previsto de la aeronave porque la ANAC necesitará identificar aeronaves no tripuladas que operan en el espacio aéreo nacional independientemente del propósito de la operación o del riesgo percibido o real asociado con la operación de una aeronave no tripulada.

Se establecerá las excepciones a la aplicabilidad. Los requisitos de diseño o producción no se aplican a: aeronaves no tripuladas construidas en casa; aeronaves no tripuladas del gobierno nacional; aeronaves no tripuladas que pesen 250 gramos o menos en el despegue, incluido todo lo que esté a bordo o de otro modo sujeto a la aeronave; y aeronaves no tripuladas diseñadas o producidas exclusivamente con fines de investigación aeronáutica o para demostrar el cumplimiento de las regulaciones.

La ANAC considerará extender los requisitos de diseño y producción a todas las aeronaves no tripuladas que operan en el espacio aéreo nacional. Sin embargo, la administración identificará la necesidad de excluir ciertas aeronaves no tripuladas de los requisitos de diseño y producción de esta regla. Como se mencionó anteriormente, las aeronaves no tripuladas construidas en casa, las aeronaves no tripuladas del gobierno nacional y las aeronaves no tripuladas diseñadas o producidas exclusivamente con el propósito de investigación aeronáutica o para demostrar el cumplimiento de las regulaciones, se incluyen en las excepciones al requisito de diseño y producción que la ANAC deberá estar adoptando en esta regla. Estas excepciones, así como la excepción para aeronaves no tripuladas que pesan 250 gramos o menos en el despegue, incluido todo lo que esté a bordo o conectado de alguna otra manera a la aeronave.

2. Excepciones: aeronaves no tripuladas de fabricación propia
La ANAC optó por excluir las aeronaves no tripuladas construidas en casa de los requisitos de diseño y

producción porque las personas que construyen estas aeronaves no tripuladas pueden no tener el conocimiento técnico, la capacidad o los recursos financieros necesarios para diseñar y producir una aeronave no tripulada que cumpla con los requisitos mínimos de desempeño de este regla. La ANAC creerá que exigir que las aeronaves no tripuladas construidas en casa cumplan con los requisitos de rendimiento para la identificación remota supondría una carga indebida para que arman VANTs hogareños. La administración esperará que las aeronaves no tripuladas construidas en casa representen una porción muy pequeña del número total de aeronaves no tripuladas que operan en el espacio aéreo nacional. La posición de la ANAC deberá ser que nada en esta regla prohíbe a una persona construir una aeronave no tripulada de identificación remota estándar construida en casa con fines educativos o recreativos. Sin embargo, en ese caso, la persona estaría sujeta a todos los requisitos, incluso si la aeronave no tripulada se consideraría de otro modo una aeronave no tripulada construida en casa.

Las aeronaves no tripuladas construidas en casa están exceptuadas de los requisitos de diseño y producción, a menos que el constructor tenga la intención específica de producir una aeronave no tripulada de identificación remota estándar construida en casa.

El diseño de identificación remota y los requisitos de producción son diferentes de los requisitos operativos. Si bien algunos productores pueden estar exentos de los requisitos de diseño y producción, los operadores aún tendrían que cumplir con el requisito de operación de identificación remota prescrito de esta regla. Por lo tanto, si bien las aeronaves no tripuladas construidas en el hogar no están sujetas a los requisitos de diseño y producción, todos los operadores de aeronaves no tripuladas (incluidas las aeronaves no tripuladas construidas en casa) en el espacio aéreo de Argentina deben cumplir con los requisitos operativos si la aeronave no tripulada está registrada o se requiere que esté registrada. Esto significa que el operador de una aeronave no tripulada construida en casa que no se produce como una aeronave no tripulada de identificación remota estándar debe operar dentro de los límites reconocidos por las áreas de identificación reconocidas por la ANAC, deben equipar sus aeronaves no tripuladas con un módulo de transmisión de identificación remota para operar fuera de las áreas de identificación reconocidas por la ANAC, o deben solicitar autorización de la administración para desviarse de los requisitos operativos para operar sin identificación remota.

La ANAC determinará que la excepción para aeronaves no tripuladas construidas en casa es necesaria porque muchos productores no tienen el conocimiento técnico, la capacidad o los recursos financieros necesarios para diseñar y producir aeronaves no tripuladas que cumplan con los requisitos mínimos de desempeño de esta regla. La ANAC también determinará que los riesgos de excluir las aeronaves no tripuladas construidas en casa de los requisitos de diseño y producción se mitigan por el hecho de que los operadores de aeronaves no tripuladas construidas en casa aún deben cumplir con las reglas de operación.

La ANAC reconocerá que los diseñadores y productores hogareños pueden producir aeronaves no tripuladas desde cero, pueden usar kits parciales en el proceso de construcción o pueden ensamblar aeronaves no tripuladas a partir de un kit completo producido por otra persona o entidad. La excepción para aeronaves no tripuladas de fabricación propia en esta regla se aplica a las personas que producen aeronaves no tripuladas desde cero o que utilizan kits parciales para construir aeronaves no tripuladas sin identificación remota únicamente para fines educativos o recreativos. Estas personas no tienen que cumplir con los requisitos de diseño y producción.

Como señalarán los droneros, muchas aeronaves no tripuladas, especialmente aeronaves modelo, se producen con varios niveles de terminación, como listas para volar o casi listas para volar. Los kits de aeronaves no tripuladas que se producen sin componentes clave de la aeronave no tripulada, como el motor o motor eléctrico, servos de control de vuelo o receptor de RF, no se consideran kits completos y los productores de estos kits parciales no están sujetos a los requisitos de producción.

Sin embargo, la excepción no se aplica a la fabricación de un equipo completo de aeronave no tripulada porque el equipo completo es esencialmente una aeronave no tripulada deconstruida. La ANAC considerará que cualquier kit que contenga todas las piezas e instrucciones necesarias para ensamblar una aeronave no tripulada debe tener capacidades de identificación remota; por lo tanto, una persona o entidad que produzca kits completos está sujeta a los requisitos de producción de esta regla. Una determinación diferente otorgaría una forma de eludir la intención de los requisitos de diseño y producción de esta regla. En consecuencia, la persona o entidad que produce el kit completo debe cumplir con los requisitos de diseño y producción de esta regla, y debe asegurarse de que el kit completo contenga todas las piezas e instrucciones necesarias para que los productores hogareños monten una aeronave no tripulada de identificación remota estándar, incluso si la aeronave no tripulada se considera construida en casa para otros fines. Un diseñador y productor hogareño que ensambla una aeronave no tripulada a partir de un kit completo no es el diseñador ni el productor de la aeronave no tripulada para los propósitos de esta regla. Por lo tanto, el constructor hogareño no necesita cumplir con los requisitos de diseño y producción. Sin embargo, el operador de una aeronave no tripulada construida en casa, ya sea producida desde cero o ensamblada a partir de un kit parcial o completo, debe cumplir con la requisitos operativos

3. Excepciones: aeronaves no tripuladas del gobierno de Argentina

   La ANAC decidirá excluir las aeronaves no tripuladas del gobierno nacional de los requisitos de diseño y producción debido a la necesidad de que el gobierno federal de Argentina produzca aeronaves sin identificación remota para cumplir con ciertas misiones operativas.

   Los requisitos de producción y los requisitos operativos son independientes entre sí. Aunque se ha establecido una excepción para aeronaves no tripuladas del gobierno nacional, una entidad del gobierno federal de Argentina que opere una aeronave no tripulada debe evaluar si está sujeta a los requisitos operativos. La entidad deberá cumplir con los requisitos operativos de identificación remota si opera una aeronave no tripulada que está registrada, o que debe estar registrada. Solo las aeronaves de las fuerzas de defensa nacional de la nación están exentas de los requisitos de registro de aeronaves y, por lo tanto, no está obligado a cumplir con los requisitos operativos.

   La ANAC deberá determinar que la excepción es necesaria para que el gobierno de la nación pueda producir aeronaves no tripuladas sin equipo de identificación remota, o pueda desviarse de los requisitos de diseño y producción de esta regla. La excepción es necesaria para facilitar ciertas misiones operativas del gobierno nacional. La ANAC creerá que, a diferencia del gobierno federal, es poco probable que una provincia, la Capital Federal, territorios, posesiones. Sin embargo, la ANAC reconocerá que estos gobiernos pueden tener la necesidad de desviarse de los requisitos operativos de esta regla al realizar operaciones sensibles. Por eso esta regla incorpora una opción de desviación. A través de esta desviación, los gobiernos pueden solicitar autorización de la administración para desviarse de las disposiciones operativas.

4. Excepciones: aeronaves no tripuladas que pesen 250 gramos o menos en el despegue, incluido todo lo que esté a bordo o conectado de alguna otra manera a la aeronave
La ANAC optará por excluir de los requisitos de diseño y producción las aeronaves no tripuladas que pesen 250 gramos o menos, incluyendo todo lo que esté a bordo o adjunto a la aeronave porque la mayoría de estas aeronaves no tripuladas pueden no estar sujetas al registro o reconocimiento de los requisitos de propiedad y, por lo tanto, no necesitaría cumplir con los requisitos operativos.

La excepción cubre un subgrupo de aeronaves no tripuladas que no están sujetas a los requisitos de registro porque pesan 250 gramos o menos en el despegue, incluido todo lo que está a bordo o conectado de alguna otra manera a la aeronave. Debido a que las aeronaves que exceden el umbral de peso tienen que registrarse (o presentar una confirmación de identificación para aeronaves civiles no tripuladas extranjeras) y cumplir con los requisitos operativos, la ANAC determinará que estas aeronaves no tripuladas también deben cumplir con los requisitos de diseño y producción de este regla.

5. Excepciones: Aeronaves no tripuladas diseñadas o producidas exclusivamente con fines de investigación aeronáutica o para demostrar el cumplimiento de las regulaciones.
La ANAC optará por excluir las aeronaves no tripuladas diseñadas o producidas exclusivamente con fines de investigación aeronáutica o para demostrar el cumplimiento de las regulaciones de los requisitos de diseño y producción de esta regla. Esta exclusión fomenta la innovación y fomenta la investigación, el desarrollo y las actividades de prueba relacionadas con la aeronave

no tripulada, los sistemas de control de la aeronave no tripulada, el equipo que forma parte de la aeronave no tripulada (como sensores) y los perfiles de vuelo de la aeronave no tripulada, así como los desarrollo de funciones y capacidades específicas para la aeronave no tripulada. La ANAC determinará que la excepción también es necesaria para que los prototipos de aeronaves no tripuladas puedan demostrar el cumplimiento de las regulaciones de la ANAC. Esta excepción incluye regulaciones relacionadas con los medios de cumplimiento o declaraciones de cumplimiento aceptados por la ANAC para identificación remota, y regulaciones de aeronavegabilidad que incluyen, entre otros, vuelos para demostrar el cumplimiento para la emisión de certificados de tipo y certificados de tipo suplementarios, vuelos para justificar cambios de diseño importantes, y vuelos para demostrar el cumplimiento de los requisitos de funcionamiento y confiabilidad de la normativa. La excepción respalda además la investigación, el desarrollo y las pruebas necesarias para la infraestructura, los sistemas y las tecnologías de VANT, incluidas, entre otras, las capacidades futuras de VANT y contra VANT del gobierno nacional.

El término "actividad educativa" es amplio y posiblemente cubre áreas más allá del diseño y producción de aeronaves no tripuladas y sus componentes. Muchas actividades educativas están cubiertas por la excepción, de tener aeronaves construidas de forma hogareña, de esta regla. La excepción de investigación aeronáutica está destinada a permitir la prueba de prototipos de VANT, componentes de aeronaves no tripuladas e infraestructura, sistemas y tecnologías relacionados sin el requisito de que el productor cumpla con todos los requisitos de diseño y producción de la regla. Las personas que operan VANT construidos sin identificación remota bajo esta excepción deben cumplir con los requisitos operativos de esta regla.

Requisito para emitir números de serie

El registro y la identificación de las aeronaves son compatibles con la preservación de la seguridad de la aviación. La ANAC deberá determinar que el requisito del número de serie debe aplicarse a todas las aeronaves y módulos de transmisión, y no debe basarse en el propósito o intención de la operación de la aeronave no tripulada. El requisito del número de serie es necesario porque permite la identificación única de aeronaves no tripuladas que operan en el espacio aéreo de Argentina. El requisito es particularmente necesario para identificar todas las aeronaves no tripuladas que están registradas con un solo número de registro emitido al propietario de varias aeronaves no tripuladas utilizadas exclusivamente para operaciones recreativas limitadas. Esto es particularmente importante cuando estas aeronaves no tripuladas vuelan fuera de las áreas de identificación reconocidas por la ANAC.

Las aeronaves no tripuladas construidas en casa están excluidas de los requisitos de diseño y producción. Los productores de aeronaves no tripuladas construidas en casa no tienen que cumplir con emitir números de serie que cumplan con ciertos estándares.

Esta regla no requiere que un productor asigne un número de serie a componentes individuales. Los productores sujetos a los requisitos de diseño y producción deben cumplir con dichos requisitos. Para cumplir, el productor debe emitir un número de serie que cumpla con estándares propuestos por la ANAC para la aeronave no tripulada de identificación remota estándar, como un todo, o el módulo de difusión de identificación remota. Ese número de serie debe figurar en la declaración de cumplimiento aceptada por la ANAC correspondiente a la aeronave no tripulada de identificación remota estándar o al módulo de transmisión de identificación remota. Ese mismo número de serie también debe incluirse en el registro de la aeronave no tripulada y debe transmitirse de acuerdo con los requisitos operativos de esta regla.

La ANAC estará de acuerdo en que el requisito de emitir un número de serie solo debe aplicarse a los productores de aeronaves no tripuladas de identificación remota estándar y módulos de transmisión de identificación remota. Las aeronaves no tripuladas que solo están equipadas con ADS-B Out no necesitarían tener un número de serie asignado por el fabricante.

Esta regla no establece un proceso específico para emitir números de serie. Los productores pueden desarrollar o seguir cualquier proceso que les permita emitir y asignar números de serie que cumplan con un estándar asignado por la ANAC a los módulos de transmisión de identificación remota o aeronaves no tripuladas de identificación remota estándar. La ANAC deberá evaluar cada estándar para asegurarse de que sea coherente con los requisitos de identificación remota y admita adecuadamente la transmisión de los elementos del mensaje. La administración podrá considerar revisiones a esta norma, así como a otras normas de números de serie, y puede incorporarlas a la regulación en un momento posterior.

Requisitos de etiquetado

Ninguna persona puede producir una aeronave no tripulada de identificación remota estándar bajo el proceso de declaración de cumplimiento o un módulo de transmisión de identificación remota independiente a menos que la aeronave no tripulada o el módulo de transmisión muestre una etiqueta que indique que cumple con los requisitos. La etiqueta debe estar en español y ser legible, prominente y estar adherida permanentemente a la aeronave no tripulada o al módulo de transmisión. Para las aeronaves no tripuladas existentes que se actualizan para tener capacidades de módulo de transmisión de identificación remota integradas en la aeronave, la ANAC preverá que la etiqueta se adhiera a la aeronave no tripulada. En esos casos, el productor puede proporcionar la etiqueta al operador e instrucciones sobre cómo colocarlas en la aeronave no tripulada. Las aeronaves no tripuladas de identificación remota estándar producidas bajo una aprobación de diseño o producción deben cumplir con los requisitos de etiquetado, según corresponda.

La ANAC estará adoptando el requisito de etiquetado esencialmente como se propone.

La ANAC estará adoptando el requisito de etiquetado porque existe la necesidad de que los operadores de aeronaves no tripuladas, los inspectores de la ANAC, los investigadores y las fuerzas del orden conozcan las capacidades de identificación remota de una aeronave no tripulada específica. El requisito de etiquetado es necesario porque comunica información que de otro modo no se conocería al observar la aeronave. Una etiqueta de productor permite al operador determinar lo que el operador puede o no puede hacer con la aeronave no tripulada. Si la aeronave no tripulada no tiene etiqueta, se presume que no tiene capacidades de identificación remota, por lo que el operador debe equipar la aeronave no tripulada con un módulo de transmisión de identificación remota u operar la aeronave dentro de un área de identificación reconocida por la ANAC. Los costos relacionados con el requisito de etiquetado están justificados por los beneficios que resultarán de la regla.

La ANAC no estará de acuerdo con que el requisito de etiquetado afectaría el rendimiento y limitaría la disponibilidad del área de superficie para otros sensores. Esta regla se basa en el desempeño y no existe ningún requisito prescriptivo sobre cómo se debe realizar el etiquetado. No hay ningún requisito sobre el tipo de fuente, el tamaño o la ubicación de la etiqueta. La etiqueta se ajustará al tamaño de la aeronave no tripulada. Además, un organismo de normalización o cualquier persona puede crear una norma de etiquetado para cumplir con todos los requisitos de etiquetado con una sola etiqueta (por ejemplo, identificación remota, registro, operaciones sobre personas, etc.).

Requisitos de producción

Esta regla finaliza los requisitos de diseño y producción.

Los requisitos se aplican a la producción de nuevas aeronaves no tripuladas de identificación remota estándar o módulos de difusión de identificación remota. La ANAC aclarará que una persona también debe seguir estos requisitos para actualizar una aeronave no tripulada para cumplir con los requisitos de identificación remota para aeronaves no tripuladas de identificación remota estándar o para aeronaves no tripuladas con módulos de transmisión de identificación remota.

1. Requisitos de producción: Aeronaves no tripuladas de identificación remota estándar producidas bajo una aprobación de diseño o producción

    Los VANTs certificados no tienen que cumplir con todos los requisitos de diseño y producción porque los requisitos son redundantes con algunos requisitos que deben cumplirse como parte de los procesos de certificación. Por lo tanto, la ANAC revisará para aclarar qué requisitos se aplican a VANTs certificados y cuáles se aplican a todos los demás VANT producidos bajo una declaración de cumplimiento. La ANAC aclarará que los requisitos mínimos de desempeño que se puede cumplir a través de un medio de cumplimiento aceptado por la ANAC) se aplicará durante el proceso de certificación de tipo o de tipo complementario para VANT de identificación remota estándar.

    La ANAC también deberá aclarar que el proceso de declaración de cumplimiento relacionado con la producción de todos los demás VANTs no es un proceso de certificación. Por lo tanto, una declaración de cumplimiento aceptada por la ANAC no es un certificado de tipo ni un certificado de aeronavegabilidad.

2. Requisitos de producción: todas las demás aeronaves no

tripuladas de identificación remota estándar

La ANAC adoptará los requisitos de producción que se aplican a aeronaves no tripuladas de identificación remota estándar producidas sin una aprobación de diseño o aprobación de producción. El fabricante de la aeronave no tripulada debe cumplir con ciertos requisitos de inspección para la producción de la aeronave no tripulada; requisitos de auditoría; y requisitos de notificación y soporte del producto.

La ANAC promulgará esta regla como una regla basada en el desempeño para otorgar a los productores flexibilidad para demostrar que una aeronave no tripulada de identificación remota estándar o un módulo de transmisión de identificación remota fue diseñado y producido para cumplir con los requisitos mínimos de desempeño para habilitar la aeronave no tripulada o el módulo de transmisión para difundir los elementos requeridos del mensaje de identificación remota.

La ANAC no estará de acuerdo con que soliciten a la administración que certifique todas las aeronaves no tripuladas de identificación remota estándar y los componentes de identificación remota. El proceso de declaración de cumplimiento no es un proceso de certificación o aeronavegabilidad y una declaración de cumplimiento aceptada por la ANAC no es un certificado de tipo o un certificado de aeronavegabilidad. Una determinación diferente sería extremadamente onerosa (por ejemplo, costo y tiempo) para diseñadores y productores. La ANAC señalará, sin embargo, que las aeronaves no tripuladas de identificación remota estándar producidas bajo una aprobación de diseño o aprobación de producción están sujetas a todos los requisitos aplicables y determinaciones de aeronavegabilidad. La ANAC también observará que, si a un fabricante se le ha emitido un certificado de producción u otra aprobación para producir una aeronave no tripulada, se excluye la producción de esa aeronave no tripulada a menos que la aeronave no tripulada cumpla con los requisitos mínimos de desempeño para identificación remota o sujeto a una excepción de los requisitos (por ejemplo, la aeronave no tripulada está equipada con equipo ADS-B Out).

Como se postuló anteriormente, esta regla se basa en el desempeño y permite la producción de aeronaves no tripuladas que exceden los requisitos mínimos de desempeño. Si bien los operadores deben cumplir con las reglas de operación, nada en la regla impide que los productores implementen estándares más estrictos o impongan restricciones adicionales a los equipos (por ejemplo, tecnología de "geovallas").

El éxito de los marcos de identificación remota se basa en tener requisitos tanto operativos como de producción. Los productores deben seguir los requisitos para garantizar que las aeronaves no tripuladas de identificación remota estándar y los módulos de transmisión de identificación remota cumplan con los requisitos mínimos de desempeño y transmitan los elementos de mensaje requeridos por esta regla. Los operadores deben utilizar tales aeronaves no tripuladas o módulos de transmisión para asegurarse de que se identifican de forma remota cuando operan en el espacio aéreo de Argentina.

La ANAC se comunicará regularmente con sus socios internacionales sobre una base bilateral y multilateral para armonizar las regulaciones en la mayor medida posible. Al establecer requisitos de desempeño, la ANAC promoverá esa armonización y proporcionará una regulación flexible que permite a las personas desarrollar medios de cumplimiento que se ajusten al rápido ritmo del cambio tecnológico, la innovación, el diseño y el desarrollo, y utilizarlos para diseñar y producir aeronaves que cumplan con los requisitos de identificación remota de esta regla.

La administración aclarará que se aplica a los productores y no a los operadores (por ejemplo, volantes recreativos). Un viajero recreativo que también sea productor de aeronaves no tripuladas estaría exento del requisito de diseño y producción si está construyendo una aeronave no tripulada construida en el hogar.

La ANAC reconocerá la necesidad de que la flota de aeronaves no tripuladas existente pueda cumplir con los requisitos de identificación remota y, para satisfacer esa necesidad, esta regla permite a las personas adaptar las aeronaves no tripuladas con módulos de transmisión de identificación remota para permitirles identificar de forma remota.

3. Requisitos de producción: módulos de transmisión de identificación remota

La ANAC decidirá permitir la producción y el uso de módulos de transmisión de identificación remota para permitir que las aeronaves no tripuladas sin identificación remota cumplan con los requisitos de identificación remota. Se establecerán los requisitos de producción para los módulos de transmisión de identificación remota. Esta sección prescribe que a ninguna persona se le permite producir un módulo de transmisión de identificación remota a menos que esté diseñado y producido para cumplir con los requisitos mínimos de desempeño para un módulo de transmisión de identificación remota utilizando un medio de cumplimiento aceptado por la ANAC.

El productor de los módulos de difusión de identificación remota debe cumplir con ciertos requisitos de inspección para la producción del módulo; requisitos de auditoría; y requisitos de notificación y soporte del producto. Estos requisitos están alineados con requisitos similares para aeronaves no tripuladas de identificación remota estándar. La ANAC agregará un requisito adicional para los productores de módulos de transmisión de identificación remota. Los productores deben proporcionar instrucciones para instalar y operar el módulo de transmisión de identificación remota a cualquier persona que opere una aeronave no tripulada con el módulo de transmisión de identificación remota. El productor también debe explicar cómo la persona obtendría el número de serie, conforme a los estándares que se establezcan, asignado al módulo de transmisión. Las instrucciones pueden estar disponibles en un sitio web o en cualquier otro lugar, siempre que la persona que instale y opere el módulo de transmisión de identificación remota tenga acceso a las instrucciones. La ANAC esperará que estas instrucciones proporcionen detalles sobre cómo garantizar que el módulo de transmisión de identificación remota esté correctamente instalado, asegurado o actualizado en la aeronave no tripulada, y detalles para evitar que el módulo de transmisión interfiera con las características de vuelo de la aeronave o los controles de vuelo, según corresponda. Las instrucciones deben describir cualquier limitación asociada con el uso del módulo de transmisión, como ciertas características de una aeronave no tripulada que evitarían que el módulo de transmisión cumpla con los requisitos mínimos de desempeño requeridos.

Las personas que producen módulos de transmisión de identificación remota deben cumplir con el proceso de declaración de cumplimiento. Este es el mismo proceso que se aplica a la producción de aeronaves no tripuladas de identificación remota estándar sin una aprobación de diseño o aprobación de producción.

La ANAC deberá prever que algunos fabricantes desarrollarían módulos de transmisión de identificación remota que se pueden instalar en muchos tipos diferentes de aeronaves no tripuladas, mientras que otros fabricantes pueden producir módulos de transmisión que sean compatibles solo con ciertos modelos de aeronaves no tripuladas, ya sea por su tamaño, forma o potencia, requisitos u otras características de diseño. La ANAC no requerirá que los fabricantes produzcan módulos de transmisión de identificación remota que funcionen con todos los tipos de aeronaves no tripuladas, pero si el módulo de transmisión está diseñado para cumplir con los requisitos mínimos de desempeño cuando se instala solo en ciertos modelos o tipos de aeronaves no tripuladas, esas limitaciones deben ser indicado de forma destacada en las instrucciones de instalación.

4. Soporte de productos y notificación para aeronaves no tripuladas de identificación remota estándar y módulos de transmisión de identificación remota
   La ANAC estará adoptando el período de notificación dentro de los 15 días calendario, según lo propuesto. La ANAC requerirá que los productores notifiquen al público y a la ANAC sobre cualquier defecto o condición que cause que la aeronave no tripulada ya no cumpla con los requisitos dentro de los 15 días calendario posteriores a la fecha en que la persona se da cuenta del defecto o condición. La ANAC analizará el impacto general en la seguridad, la protección y el costo y determinará que 15 días calendario proporciona un tiempo razonable para que los productores evalúen y confirmen la presencia de un defecto que requiere notificación pública.

Responsabilidad

Además de los requisitos de auditoría prescritos para aeronaves no tripuladas de identificación remota estándar y para módulos de transmisión de identificación remota, la ANAC solicitará comentarios sobre los intervalos de tiempo apropiados para realizar auditorías independientes, incluidos los intervalos de tiempo especificados en los estándares de la industria relacionados con auditorías de sistemas de aviación como parte de los requisitos de diseño y producción.

La ANAC estará adoptando los requisitos de auditoría porque la administración deberá determinar que es necesario que los productores mantengan procedimientos de notificación y apoyo al producto para notificar al público y a la ANAC sobre cualquier defecto o condición que cause que la aeronave no tripulada de identificación remota o el módulo de transmisión ya no cumplan los requisitos.

La ANAC considerará que los requisitos de auditoría e inspección son elementos esenciales del proceso de declaración de cumplimiento. Las aeronaves no tripuladas de identificación remota estándar producidas y los módulos de transmisión de identificación remota producidos no se someten a la certificación. Los requisitos del proceso de declaración de cumplimiento, incluidas las auditorías, están destinados a fomentar la rendición de cuentas y garantizar que las aeronaves no tripuladas y los módulos de transmisión cumplan con los requisitos.

Las auditorías también son necesarias porque esta regla requiere que los productores mantengan un sistema de notificación y soporte de productos y procedimientos para notificar al público y a la ANAC de cualquier defecto o condición que pueda causar que una aeronave no tripulada de identificación remota estándar o un módulo de transmisión de identificación remota dejen de cumplir con los requisitos de esta regla. Para cumplir con estas obligaciones, las personas responsables de la producción de aeronaves no tripuladas tendrían que controlar sus procesos de fabricación, el uso operativo de las aeronaves no tripuladas (en la medida en que el productor tenga acceso a dicha información) y la recopilación de datos de accidentes e incidentes.

En cuanto a las inspecciones, la ANAC deberá determinar que cuando la administración identifica un problema de seguridad que amerita la revisión de los datos, registros o instalaciones de un productor, es de interés para la seguridad del espacio aéreo de Argentina que los productores otorguen acceso a la ANAC de dichos datos, registros o instalaciones y a todos los datos e informes de las auditorías e investigaciones.

Por lo tanto, la ANAC determinará que los requisitos de auditoría e inspección son parte integral para garantizar el cumplimiento y realizar la supervisión de la producción. Dado que la mayoría de las aeronaves no tripuladas se pueden utilizar para varios propósitos, la ANAC determinará que estos requisitos se aplican a todos los diseñadores y productores de aeronaves no tripuladas de identificación remota.

Ninguna persona puede producir una aeronave no tripulada de identificación remota estándar o un módulo de transmisión de identificación remota a menos que la persona cumpla con todos los requisitos de diseño y producción y obtenga una declaración de cumplimiento aceptada por la ANAC que autorice la producción de aeronaves no tripuladas de identificación remota estándar de identificación remota o módulos de difusión de identificación para su uso en el espacio aéreo de los nacional. El incumplimiento de cualquiera de los requisitos, incluidos en los requisitos de auditoría o inspección, constituye un motivo para que la ANAC rescinda su aceptación de una declaración de cumplimiento. Cualquier aeronave no tripulada de identificación remota estándar o un módulo de transmisión de identificación remota enumerado en la declaración de cumplimiento rescindida no podría operar fuera de un área de identificación reconocida por la ANAC.

Presentación de una declaración de cumplimiento

Presentación
La ANAC creerá que una declaración de cumplimiento es una parte esencial del marco de identificación remota. Una declaración de cumplimiento aceptada por la ANAC permite a

una persona producir aeronaves no tripuladas de identificación remota estándar o módulos de transmisión de identificación remota. Sirve como garantía de que los productores están utilizando un medio de cumplimiento aceptado por la ANAC para la producción de la aeronave no tripulada o el módulo de transmisión para cumplir con los requisitos mínimos de desempeño de esta regla y están cumpliendo con todos los demás requisitos de diseño y producción.

La ANAC deberá determinar que el requisito de auditoría es necesario, para garantizar el cumplimiento continuo de los requisitos de identificación remota. La ANAC creerá que las auditorías tendrían que realizarse de forma periódica (tantas veces como sea necesario), y siempre que la ANAC notifique un incumplimiento o un posible incumplimiento, para garantizar y demostrar que la identificación remota estándar de aeronaves no tripuladas o el módulo de transmisión de identificación remota cumple con los requisitos. Un productor que presente una declaración de cumplimiento para la aceptación de la ANAC debe hacer ciertas garantías y cumplir con ciertos requisitos con respecto a inspecciones, auditorías, soporte y notificación de productos e instrucciones. El incumplimiento de cualquiera de estos requisitos es motivo de rescisión de la aceptación de la declaración de cumplimiento por parte de la ANAC, lo que afecta directamente el lugar donde se puede operar la aeronave no tripulada. Una aeronave no tripulada incluida en una declaración de cumplimiento que ha sido rescindida solo puede operar en un área de identificación reconocida por la ANAC. Del mismo modo, un módulo de difusión de identificación remota incluido en una declaración de cumplimiento que ha sido rescindido no se puede utilizar para cumplir con los requisitos de identificación remota.

La ANAC aclarará que el proceso de declaración de cumplimiento no es un proceso de auto certificación y no confiere aeronavegabilidad. Una declaración de cumplimiento aceptada por la ANAC no es un certificado de tipo ni un certificado de aeronavegabilidad. El proceso es más simple que el proceso de certificación de aeronaves porque proporciona la información básica necesaria para que la ANAC determine que un productor ha cumplido con todos los requisitos aplicables y puede producir aeronaves no tripuladas de identificación remota estándar y módulos de transmisión de identificación remota que cumplen con todos los requisitos. los requisitos mínimos de rendimiento y producción para la identificación remota.

Información necesaria para una declaración de cumplimiento

Además de la marca y el modelo, un productor debe incluir en la declaración de cumplimiento todos los números de serie que se asignarán a aeronaves no tripuladas de identificación remota estándar o módulos de transmisión de identificación remota bajo la declaración de cumplimiento. A cada aeronave no tripulada de identificación remota estándar o módulo de transmisión de identificación remota producido bajo una declaración de cumplimiento se le debe asignar un número de serie único para permitir que se distinga de otras aeronaves no tripuladas de identificación remota estándar o módulos de transmisión de identificación remota.

La administración deberá determinar que el número de serie es necesario para establecer la identidad única de la aeronave no tripulada. Debido a que la declaración de cumplimiento establece que la aeronave no tripulada de identificación remota estándar o el módulo de transmisión de identificación remota cumple con los requisitos mínimos de desempeño, la lista consolidada de todas las aeronaves no tripuladas de identificación remota estándar o módulos de transmisión de identificación remota producidos bajo una declaración de cumplimiento es necesaria para facilitar reconocimiento de aeronaves no tripuladas y módulos de transmisión que cumplen los requisitos. Por último, los números de serie deben enumerarse porque, según los requisitos operativos, un operador solo puede operar una aeronave no tripulada de identificación remota estándar o un módulo de transmisión de identificación remota fuera de un área de identificación reconocida por la ANAC si su número de serie figura en una declaración de conformidad aceptada por la ANAC.

El productor es la parte responsable de diseñar y producir aeronaves no tripuladas de identificación remota estándar y módulos de transmisión de identificación remota para operar en la Argentina y garantizar que cumplan con los requisitos de identificación remota. Por lo tanto, la ANAC deberá determinar que el productor es responsable de todos los requisitos, incluida la presentación y enmienda de los números de serie.

La ANAC no estará de acuerdo con la solicitud de permitir que los diseñadores y productores de aeronaves no tripuladas de identificación remota puedan actualizar la lista de números de serie enumerados en una declaración de cumplimiento aceptada por la ANAC sin seguir el proceso de enmienda para una declaración de cumplimiento. Se envía una enmienda para modificar cualquier aspecto de una declaración de cumplimiento aceptada por la ANAC. Las razones para presentar una enmienda incluyen, pero no se limitan a: resolver un problema de seguridad o incumplimiento (por ejemplo, reemplazar un medio de cumplimiento); actualizar o corregir información (por ejemplo, el nombre de la persona responsable o la información de contacto); o incluyendo nuevos números de serie.

Ninguna persona puede producir una aeronave no tripulada de identificación remota estándar o un módulo de transmisión de identificación remota a menos que la persona cumpla con todos los requisitos de diseño y producción, y obtenga una declaración de cumplimiento aceptada por la ANAC que autorice la producción de aeronaves no tripuladas de identificación remota estándar o módulos de difusión de identificación remota para su uso en el espacio aéreo de la Argentina. El incumplimiento de cualquiera de los requisitos constituye motivo para que la ANAC anule su aceptación de una declaración de cumplimiento. Cualquier aeronave no tripulada de identificación remota estándar o módulo de transmisión de identificación remota enumerados bajo la declaración de cumplimiento rescindida no podría operar fuera de un área de identificación reconocida por la ANAC.

Esta regla establece los requisitos operativos y de producción para la identificación remota. La regla no excluye la venta de aeronaves no tripuladas sin identificación remota ni prohíbe a alguien comprar e importar aeronaves no tripuladas de fabricación extranjera. Sin embargo, las reglas de operación continúan aplicándose a todas las personas que operan aeronaves no tripuladas en el espacio aéreo nacional, incluidas las personas que operan aeronaves no tripuladas de fabricación extranjera o aeronaves no tripuladas sin identificación remota.

Como se mencionó anteriormente, el productor es la parte responsable de diseñar y producir aeronaves no tripuladas y módulos de transmisión para operar en el espacio aéreo de Argentina y garantizar que las aeronaves no tripuladas y los módulos de transmisión cumplan con los requisitos de identificación remota. La ANAC deberá determinar que la declaración de cumplimiento debe ser presentada por los productores porque es una condición previa para poder producir aeronaves no tripuladas y módulos de transmisión utilizados en el espacio aéreo nacional.

Aceptación de una declaración de cumplimiento

Cualquier persona, ya sea en Argentina o en un país extranjero, que produzca dicha aeronave no tripulada o módulo de transmisión debe presentar una declaración de cumplimiento, proporcionar cierta información y aceptar cumplir con los requisitos de producción y ciertos términos y condiciones (por ejemplo, inspección, auditoría, soporte y notificación de productos, instrucciones). La ANAC evaluará una declaración de cumplimiento que se envía a la misma para determinar que el remitente ha demostrado cumplimiento con los requisitos, la ANAC notificará al remitente que la administración ha aceptado la declaración de cumplimiento. La ANAC publicará la lista de declaraciones de cumplimiento aceptadas por la misma en su página web.

La ANAC estará estableciendo una circular de asesoramiento sobre el proceso de declaración de cumplimiento para la identificación remota de aeronaves no tripuladas. Esta circular de asesoramiento proporciona orientación sobre el proceso de declaración de cumplimiento descrito anteriormente, y describe la información requerida para presentar una declaración de cumplimiento. Este material de orientación también estará disponible en el expediente para esta reglamentación.

La ANAC estará comprometida con la implementación de esta regla y estará desarrollando procesos internos e identificando y asignando los recursos apropiados para facilitar todos los procesos requeridos. La ANAC estará comprometida a trabajar con las partes interesadas internas y externas para asegurar que el proceso de presentar y obtener la aceptación de la ANAC de una declaración de cumplimiento se implementa de manera efectiva y oportuna. Dicho esto, la ANAC no puede comprometerse con un cronograma específico para revisar y aprobar las declaraciones de cumplimiento porque el tiempo de respuesta variará según la complejidad de la aplicación, la tecnología y una amplia variedad de casos de uso. La administración puede tener la necesidad de solicitar información adicional (por ejemplo, resultados de pruebas, etc.) o documentación, según sea necesario, para complementar la declaración de cumplimiento y para garantizar la integridad y el cumplimiento de los requisitos de esta regla.

El proceso de declaración de cumplimiento no impone una carga a los operadores de aeronaves no tripuladas porque los requisitos solo se aplican a los productores de aeronaves no tripuladas. Como se explicó anteriormente, el proceso de declaración de cumplimiento es una parte esencial del marco de identificación remota y es una condición previa para que alguien pueda producir aeronaves no tripuladas de identificación remota estándar o módulos de transmisión de identificación remota. La ANAC determinará que el proceso es de interés para la seguridad y la protección del espacio aéreo de Argentina porque garantiza que los productores produzcan aeronaves no tripuladas y módulos de transmisión que cumplan con los requisitos mínimos de rendimiento para la identificación remota en Argentina. Los costos relacionados con el proceso están justificados por los beneficios que resultarán de la regla.

La ANAC determinará que el proceso de declaración de cumplimiento es simple, directo y se aplica a todos los diseñadores o productores de aeronaves no tripuladas no certificadas. La ANAC también determinará que el proceso de declaración de cumplimiento proporciona la información básica necesaria para evaluar el cumplimiento de los requisitos de identificación remota. La información y la evaluación son necesarias para todas las aeronaves, y la ANAC determinará que no debe variar según la cantidad de aeronaves fabricadas por una persona o el hecho de que la persona fabrica la aeronave no tripulada para su propio uso.

Una declaración de cumplimiento debe contener un solo productor, marca y modelo y número (s) de serie para identificar de manera única la aeronave no tripulada de identificación remota estándar o el módulo de transmisión de identificación remota.

Rescisión de la aceptación de la ANAC de una declaración de cumplimiento

La administración podrá rescindir una declaración de cumplimiento aceptada si una aeronave no tripulada de identificación remota estándar o un módulo de transmisión de identificación remota enumerado bajo la declaración de cumplimiento no cumple con los requisitos mínimos de desempeño de la regla; si la declaración de cumplimiento no cumple con un requisito; o si la ANAC anula la aceptación de los medios de cumplimiento enumerados en la declaración de cumplimiento, la administración puede otorgar un período de tiempo razonable a la persona que presentó la declaración de cumplimiento para remediar el incumplimiento.

El aviso de rescisión se publicará en el Boletín Oficial.

Petición para reconsiderar la rescisión de la aceptación de la ANAC de una declaración de cumplimiento
Si la ANAC determina que es de interés público, antes de la rescisión, proporcionará un período de tiempo razonable para que la persona que tenga la declaración de cumplimiento solucione el problema del incumplimiento. Si la persona no toma las medidas adecuadas para resolver el problema rápidamente, la administración procederá con la rescisión. La ANAC determinará que el término es apropiado porque otorga suficiente tiempo después de la rescisión para que el productor solicite la reconsideración de la decisión. Antes de la rescisión, la ANAC otorgaría a los productores un tiempo razonable para tomar medidas para resolver los defectos o condiciones. La ANAC procederá con la rescisión después de haber determinado que no se puede tomar acción alguna, que el productor no actuó dentro de un tiempo razonable o que el productor no está dispuesto o no puede resolver el defecto o condición.

Retención de registros

Los requisitos de retención de registros de esta regla se aplican a la producción de aeronaves no tripuladas de identificación remota estándar y módulos de transmisión de identificación remota. Los diseñadores y productores de aeronaves no tripuladas de identificación remota deben conservar registros de todos los resultados de las pruebas que muestren que la aeronave no tripulada de identificación remota estándar o el módulo de transmisión de identificación remota cumplen con los requisitos mínimos de desempeño y todos los requisitos de producción y diseño.

Ninguna persona puede producir una aeronave no tripulada de identificación remota estándar o un módulo de transmisión de identificación remota a menos que la persona cumpla con todos los requisitos de diseño y producción y obtenga la aceptación de la ANAC de una declaración de cumplimiento. El incumplimiento de cualquiera de los requisitos, incluidos los requisitos de mantenimiento de registros, constituye un motivo para que la ANAC rescinda su aceptación de una declaración de cumplimiento. La rescisión significaría que la persona no estaría autorizada, en virtud de esa declaración de cumplimiento, a producir aeronaves no tripuladas de identificación remota estándar o módulos de transmisión de identificación remota para su uso en el espacio aéreo de Argentina. Cualquier aeronave no tripulada de identificación remota estándar o aeronave no tripulada con un módulo de transmisión de identificación remota enumerado en una declaración de cumplimiento rescindida estaría restringida a operar en un área de identificación reconocida por la ANAC.

La ANAC reconocerá que los requisitos de retención de registros de esta regla impondrán ciertos costos a los productores de aeronaves no tripuladas de identificación remota estándar y módulos de transmisión de identificación remota. Los costos están justificados por los beneficios que resultarán de la regla. La administración determinará que el requisito es necesario para verificar la demostración del cumplimiento con los requisitos mínimos de desempeño en, y todos los requisitos de producción y diseño. En el caso de una investigación o análisis de la ANAC, el la administración debe obtener los datos necesarios para revaluar la aceptabilidad de la declaración de cumplimiento. Los 24 meses calendario adicionales garantizarían que los datos todavía estén disponibles mientras se toman las medidas de la ANAC. Si la ANAC solicita los datos y el remitente no retuvo los datos de acuerdo con este requisito, la administración puede optar por rescindir la aceptación de la declaración de cumplimiento.

REGISTRO

La ANAC propondrá que las personas que operan aeronaves no tripuladas registradas o deben estar registradas o tendrían que cumplir con los requisitos de identificación remota. La ANAC deberá proponer vincular los requisitos de identificación remota al registro de aeronaves no tripuladas porque la ANAC y las agencias de aplicación de la ley necesitan la capacidad de correlacionar la información de identificación remota con los datos de registro para obtener información más completa sobre la propiedad de aeronaves no tripuladas que operan en el espacio aéreo de Argentina.

Los requisitos de registro de aeronaves tienen el doble propósito de identificar las aeronaves y promover la responsabilidad y el uso seguro y eficiente del espacio aéreo nacional por parte de aeronaves tripuladas y no tripuladas. Con limitadas excepciones, la mayoría de las aeronaves no tripuladas deben estar registradas; por lo tanto, casi todas las aeronaves no tripuladas que operan en el espacio aéreo nacional deberán cumplir con los requisitos de identificación remota. Las aeronaves civiles extranjeras no tripuladas que operan en el espacio aéreo de Argentina también deberán cumplir con los requisitos de identificación remota. Esto mejorará la seguridad y la eficiencia generales del espacio aéreo nacional.

Según los requisitos de registro actuales, ninguna persona puede operar una aeronave no tripulada en el espacio aéreo nacional a menos que la aeronave no tripulada haya sido registrada por su propietario, a menos que la aeronave esté excluida del registro. Hay dos excepciones a los requisitos de registro para aeronaves no tripuladas: (1) aeronaves no tripuladas de las Fuerzas Armadas de Argentina; y (2) la mayoría de las aeronaves no tripuladas que pesan 250 gramos o menos en el despegue, incluyendo todo lo que está a bordo o de otra manera sujeto a la aeronave. Las aeronaves pequeñas no tripuladas que operan deben registrarse independientemente del peso.

Los propietarios estadounidenses de aeronaves pequeñas no tripuladas utilizadas en operaciones civiles (incluidas operaciones comerciales), operaciones recreativas limitadas u operaciones de aeronaves públicas, entre otras, son elegibles para registrar la aeronave no tripulada de una de estas dos formas: (1) bajo una número de registro emitido para cada aeronave no tripulada; o (2) bajo un solo número de registro emitido a un propietario de múltiples aeronaves no tripuladas utilizadas exclusivamente para operaciones recreativas limitadas. Los requisitos de registro existentes de la ANAC se implementaron por primera vez en 2015.

La ANAC propondrá cambios a esos requisitos de registro para cumplir con los objetivos y la intención de la identificación remota de VANT. Específicamente, la ANAC propondrá exigir que todas las aeronaves no tripuladas, incluidas las que se utilizan para operaciones recreativas limitadas, obtengan un número de registro único. La ANAC también propondrá exigir a los propietarios que presenten el número de serie de la aeronave no tripulada y otra información como parte del proceso de solicitud.

La ANAC adoptará el requisito que vincula los requisitos de identificación remota a los requisitos de registro y los requisitos para enviar el número de serie de la aeronave no tripulada y otra información. La ANAC decidirá no adoptar el requisito de que todas las aeronaves no tripuladas, incluidas las que se utilizan para operaciones recreativas limitadas, obtengan un número de registro único. Esos cambios se describen en las secciones siguientes.

Tasas de registro para el registro de aeronaves

individuales

Teniendo en cuenta que la ANAC está obligada por ley a cobrar una tarifa por los servicios de registro. El sistema de registro permitirá el uso de cualquier tarjeta de crédito, débito, regalo o prepago. La ANAC evaluará una tarifa de U$S 5 por un certificado de registro para cada aeronave tripulada.

Por lo tanto, esos propietarios pagarían la tarifa de U$S 5 una vez cada 3 años. Bajo esta regla se respaldan el desarrollo, mantenimiento y operación del Registro. El sistema de pago utilizado por el Registro cumplirá con todas las leyes federales para transacciones en línea.

Información incluida en la solicitud de registro

Para las personas que tienen la intención de utilizar una pequeña aeronave no tripulada como otra que no sea un modelo de aeronave, además de la misma información de contacto básica requerida para la aeronave modelo, la regla de registro también requiere que la persona proporcione información específica de la aeronave (fabricante y nombre del modelo y número de serie de cada aeronave que se registra)

La ANAC adoptará estos requisitos con un cambio. Los solicitantes que registren aeronaves como operaciones recreativas limitadas deben proporcionar información del fabricante y modelo, pero no un número de serie único para cada aeronave que se registre.

Además, la ANAC deberá proponer actualizar los requisitos de información de registro para requerir uno o más números de teléfono para el solicitante. Exigir a los propietarios de aeronaves no tripuladas que proporcionen su (s) número (s) de teléfono como parte del proceso de registro ayudaría a la ANAC y a las fuerzas del orden a difundir información relacionada con la seguridad al registrante casi en tiempo real. Esta información adicional será retenida por la ANAC y solo se divulgará según sea necesario a las agencias policiales o federales autorizadas.

Cambios propuestos a los requisitos de registro para requerir un número de serie como parte del proceso de registro

El requisito del número de serie permite a la ANAC correlacionar los datos difundidos o transmitidos por la ANAC con los datos de registro en el Registro de Aeronaves para asociar una aeronave no tripulada con su propietario registrado. El requisito también permite que la ANAC asocie una aeronave con su propietario mientras opera en el espacio aéreo nacional y facilita la identificación de aeronaves no tripuladas no registradas que operan en el espacio aéreo de Argentina, lo que puede justificar una supervisión o acción adicional por parte del ANAC, agencias de seguridad nacional o agencias de aplicación de la ley.

La ANAC adoptará el requisito de que los propietarios de aeronaves no tripuladas de identificación remota estándar y módulos de transmisión de identificación remota deben proporcionar un número de serie, compatible con el estándar propuesto, en su solicitud de registro. La ANAC determinará no exigir a los propietarios de aeronaves no tripuladas sin identificación remota que proporcionen un número de serie durante el registro.

Un propietario puede enviar varios números de serie del módulo de difusión de identificación remota para la operación de varias aeronaves simultáneamente en una proporción de aeronave por operador de uno a uno. Si un propietario incluye un número de serie asociado con una aeronave no tripulada de identificación remota estándar en la solicitud de registro para operaciones exclusivamente de conformidad, también puede incluir un número de serie para un módulo de transmisión de identificación remota vinculado a otra aeronave no tripulada registrada bajo su registro para operaciones.

La ANAC determinará que el requisito del número de serie es un elemento importante del marco de identificación remota. Los números de serie se utilizan para proporcionar una identidad única a las aeronaves no tripuladas que operan en el espacio aéreo nacional. El requisito es particularmente necesario para identificar aeronaves no tripuladas operadas con fines recreativos cuando se registran varias aeronaves no tripuladas con un solo registro. El número de serie único de cada aeronave no tripulada de identificación remota estándar o módulo de transmisión de identificación remota permite a la administración y a las fuerzas del orden distinguir entre las aeronaves no tripuladas con el mismo número de registro que vuelan fuera de las áreas de identificación reconocidas por la ANAC.

Además, la ANAC reafirmará que esta regla no se aplica a la producción de aeronaves no tripuladas de fabricación propia. Como se explicó anteriormente, la ANAC exceptuará a los productores de aeronaves no tripuladas de fabricación propia de los requisitos de diseño y producción, por lo tanto, las aeronaves no tripuladas de fabricación propia no necesitan cumplir con los requisitos de número de serie. Si una persona tiene la intención de producir una aeronave no tripulada de identificación remota estándar, o un módulo de transmisión de identificación remota para equipar su aeronave no tripulada para cumplir con los requisitos de identificación remota, entonces esa persona tendría que cumplir con los requisitos de diseño y producción de la, que incluye el requisito de emitir un número de serie que cumpla con el estándar.

Marcado del número de serie

Las aeronaves pequeñas no tripuladas registradas no pueden operar a menos que muestren un identificador único de una manera que sea fácilmente accesible y visible al inspeccionar la aeronave. El identificador único debe ser: (1) el número de registro emitido a una persona o el número de registro emitido a la aeronave por el Registro una vez finalizado el proceso de registro; o (2) el número de serie de la aeronave no tripulada pequeña, si está autorizado por la administración y se proporciona con la solicitud de Certificado de Registro de Aeronave.

Los requisitos actuales de marcado de registro ya requieren que el número de registro esté marcado en una superficie externa de la aeronave no tripulada; esta información permite a la ANAC vincular la aeronave con la información de registro de la ANAC, incluido el número de serie de la aeronave no tripulada o el módulo de transmisión.

AERONAVES CIVILES NO TRIPULADAS REGISTRADAS EN EL EXTRANJERO OPERADAS EN ARGENTINA

La ANAC explicará la necesidad de correlacionar el mensaje de identificación remota elementos transmitidos o difundidos por aeronaves no tripuladas civiles extranjeras operadas en el país contra información que ayuda a la ANAC y a las fuerzas del orden a identificar a una persona responsable de la operación de aeronaves no tripuladas civiles extranjeras. Cuando las aeronaves no tripuladas están registradas en una jurisdicción extranjera, es posible que la ANAC no tenga acceso a la información sobre la aeronave no tripulada o su propietario registrado. La ANAC propondrá permitir que una persona opere aeronaves civiles no tripuladas registradas en el extranjero en la nación solo si la persona presenta una notificación de identificación a la administración que incluya cierta información que permita a la ANAC asociar la aeronave civil no tripulada extranjera a una persona responsable. La ANAC deberá explicar que después de que una persona presenta un aviso de identificación, la administración emitirá una confirmación de identificación. La administración también aclarará que el aviso de identificación y la confirmación de identificación no constituyen ni tienen el efecto de un registro de aeronave de Argentina.

El requisito de presentar un aviso de identificación se aplica a las personas que operan aeronaves civiles no tripuladas registradas en el extranjero con identificación remota en el espacio aéreo de Argentina. Estas son personas que operan aeronaves no tripuladas registradas en el extranjero que cumplen con los requisitos de identificación remota (es decir, una aeronave no tripulada de identificación remota estándar registrada en el extranjero o una aeronave no tripulada registrada en el extranjero con un módulo de transmisión de identificación remota). Las aeronaves no tripuladas registradas en el extranjero que no cumplan con los requisitos de identificación remota solo pueden operar en la Argentina en un área de identificación reconocida por la ANAC.

El requisito de presentar el aviso de identificación permite al operador proporcionar el número de matrícula de la aeronave no tripulada emitido por el país de matrícula o el número de matrícula expedido al operador de la aeronave no tripulada por el país de matrícula, según corresponda.

A ninguna persona se le permitirá operar una aeronave civil no tripulada registrada en el extranjero con identificación remota en el espacio aéreo de Argentina a menos que, antes de la operación, la persona presente un aviso de identificación que incluye:

(1) El nombre de la persona que opera la aeronave civil no tripulada registrada en el extranjero en la Argentina y, si corresponde, el representante autorizado de la persona.

(2) La dirección física de la persona que opera la aeronave civil no tripulada registrada en el extranjero en la Argentina y, si corresponde, la dirección física del representante autorizado de la persona. Si el operador o representante autorizado no recibe correo en la dirección física, también se debe proporcionar una dirección postal.

(3) El (los) número (s) de teléfono donde se puede localizar a la persona que opera la aeronave civil no tripulada con matrícula extranjera en la Argentina y, si corresponde, al representante autorizado de la persona mientras se encuentra en la Argentina.

(4) La dirección de correo electrónico de la persona que opera

la aeronave civil no tripulada registrada en el extranjero en la Argentina y, si corresponde, la dirección de correo electrónico del representante autorizado de la persona.

(5) El fabricante y el nombre del modelo de la aeronave no tripulada.

(6) El número de serie de la aeronave no tripulada o del módulo de difusión de identificación remota.

(7) El país de registro de la aeronave no tripulada.

(8) El número de registro.

Una vez que se envía la notificación, la ANAC emitirá una confirmación de identificación.

Una persona que opere una aeronave no tripulada registrada en el extranjero en el espacio aéreo de la Argentina tiene que mantener la confirmación de identificación en la estación de control de la aeronave no tripulada, y debe presentarla cuando lo solicite la ANAC o un oficial de la ley. El titular de una confirmación de identificación debe asegurarse de que la información proporcionada sea precisa y debe actualizar la información antes de operar una aeronave civil no tripulada con matrícula extranjera en el espacio aéreo nacional.

Como se especifica, la presentación de la notificación de identificación y la emisión de una confirmación de identificación bajo esta regla no tienen el efecto del registro de aeronave de Argentina.

ADS-B OUT Y TRANSPONDEDORES PARA IDENTIFICACIÓN REMOTA

La ANAC deberá proponer prohibir el uso de equipos ADS-B Out como una forma de control remoto de identificación para VANT. La ANAC también propondrá cambios a las para prohibir en general el uso de ADS-B Out y transpondedores en VANT, a menos que se autorice lo contrario.

Esto prohíbe el uso de equipos ADS-B Out como una forma de identificación remota.

La ANAC establecerá que el transpondedor ATC y el equipo de notificación de altitud y los requisitos de uso no se aplican a las personas que operan aeronaves no tripuladas, a menos que la operación se realice bajo un plan de vuelo y la persona que opere la aeronave no tripulada mantenga la comunicación directa con ATC o el uso de un transpondedor está autorizado por la administración. Se prohíbe el uso de transpondedores ATC por personas que operan aeronaves no tripuladas a menos que la operación se realice bajo un plan de vuelo y la persona que opera la aeronave no tripulada mantenga comunicación bidireccional con ATC, o el uso de un transpondedor está autorizado por la administración.

Según esta sección, ninguna persona puede operar una aeronave no tripulada bajo un plan de vuelo y en comunicación bidireccional con ATC a menos que la aeronave tenga equipo instalado que cumpla con los requisitos de desempeño, y el equipo cumpla con los requisitos.

Se prohíben el uso de transpondedores ADS-B Out y ATC en pequeños VANT. Ninguna persona puede operar un VANT pequeño con un transpondedor encendido, a menos que la administración lo autorice de otra manera. Ninguna persona puede operar un VANT pequeño con equipo ADS-B Out en modo de transmisión a menos que la administración lo autorice de otra manera.

La prohibición de ADS-B Out en la mayoría de los VANT es debido a la probabilidad de que la alta densidad de operaciones de VANT en comparación con las aeronaves tripuladas pueda generar saturación de señal y crear un peligro para la seguridad de las aeronaves tripuladas. La ANAC señalará que las regulaciones comunicacionales prohíben que los equipos de identificación remota de aeronaves no tripulados que transmiten en las bandas de frecuencia permitidas interfieran con las frecuencias licenciadas existentes utilizadas por las tecnologías de vigilancia existentes.

ANÁLISIS AMBIENTAL

La ANAC creerá que esta regla final proporciona la flexibilidad necesaria para que los diseñadores, productores y operadores de aeronaves recreativas no tripuladas continúen operando de manera segura en el espacio aéreo de la Argentina. Específicamente, esta regla permite la modificación de aeronaves no tripuladas existentes y aeronaves no tripuladas construidas en el hogar y aumenta la disponibilidad de áreas de identificación reconocidas por la ANAC donde las operaciones pueden ocurrir sin identificación remota. Por estas razones, la ANAC no preverá que esta regla resulte en un aumento en la eliminación de aeronaves no tripuladas. La ANAC señalará que una aeronave no tripulada descartada se puede desmontar en las siguientes partes: carbono (marco, partes del marco), plástico, partes metálicas (tornillos, separadores), cables, electrónica (controlador de vuelo, ESC, motores, cámara, VTX, RX) y baterías. Los centros de reciclaje y los proveedores en línea pueden ayudar con la gestión adecuada de las piezas de aeronaves no tripuladas usadas. Además, las piezas en buen estado de funcionamiento podrían potencialmente reutilizarse.

La ANAC considerará que, aunque esta acción reglamentaria establece requisitos para la identificación remota de aeronaves no tripuladas, no permite, por sí misma, operaciones expandidas de rutina, afecta la frecuencia de las operaciones VANT en el espacio aéreo de Argentina ni autoriza operaciones VANT adicionales. La regla tampoco abre nuevas áreas del espacio aéreo a los VANT. La experiencia de la ANAC ha sido que los niveles actuales de operaciones de VANT no producen impactos negativos a las especies cubiertas por la Ley de Especies en Peligro de Extinción u otras aves migratorias. La ANAC también enfatizará que esta regla no exime a los operadores de otras obligaciones legales que puedan serles de aplicación, como las impuestas por la Ley de Especies en Peligro de Extinción. Por estas razones, la ANAC determinará que es apropiado aplicar una exclusión categórica a esta regla y que no requiere la preparación de una Evaluación Ambiental o una Declaración de Impacto Ambiental bajo la Ley de Política Ambiental Nacional.

INCENTIVOS PARA EL CUMPLIMIENTO TEMPRANO

La ANAC esperará que esta regla resulte en varios beneficios y mejoras importantes para respaldar la seguridad en el espacio aéreo de Argentina. La identificación remota proporciona información que ayuda a abordar los desafíos existentes de la ANAC, las entidades encargadas de hacer cumplir la ley y las agencias de seguridad nacional responsables de la seguridad del espacio aéreo nacional. A medida que aumentan las operaciones de VANT, también aumenta el riesgo de que las aeronaves no tripuladas se operen cerca de aeronaves tripuladas o en un espacio aéreo que no esté abierto a las operaciones. La identificación remota proporciona un medio para identificar estas aeronaves y ubicar a la persona que las controla (por ejemplo, operadores, pilotos al mando). Permite a los organismos encargados de hacer cumplir la ley y de seguridad nacional distinguir a los usuarios del espacio aéreo que cumplen con las normas de aquellos que pueden representar un riesgo para la seguridad o la protección. Permite a la ANAC y a las fuerzas del orden realizar la supervisión de las personas que operan VANT y determinar si se necesitan acciones de cumplimiento, aplicación, educación, capacitación u otros tipos de acciones para mitigar los riesgos de seguridad y fomentar un mayor cumplimiento de las regulaciones. Los datos de identificación remota también informan a los usuarios del espacio aéreo nacional de las operaciones que se están realizando en un momento dado en un espacio aéreo en particular.

La ANAC debe esperar que esta regla resulte en importantes

beneficios y mejoras para respaldar la integración segura de las operaciones ampliadas de VANT en el espacio aéreo de Argentina. La identificación remota proporciona una mayor conciencia de la situación de las operaciones de VANT a los operadores de aeropuertos y otras aeronaves en las proximidades de esas operaciones. Las aeronaves tripuladas, especialmente aquellas que operan a bajas altitudes donde se prevé que las operaciones de VANT sean las más frecuentes (como helicópteros y aeronaves agrícolas), podrían llevar el equipo necesario para mostrar la ubicación de los VANT que operan en las cercanías. Además, los aeropuertos con torres podrían usar información de identificación remota para el conocimiento de la situación, especialmente para operaciones de aterrizaje y despegue.

La ANAC esperará que esta regla también proporcione importantes ahorros no cuantificados y eficiencias de costos operativos reducidos. La capacidad de identificar y localizar VANTs proporciona una conciencia situacional adicional a las aeronaves tripuladas y no tripuladas e información crítica para las fuerzas del orden y otros funcionarios gubernamentales. Esto será cada vez más importante a medida que aumente el número de operaciones de VANT en todas las clases de espacio aéreo. La siguiente tabla resume los ahorros no cuantificados de la regla final.

- <u>Reducción de la obsolescencia de aeronaves no tripuladas</u>: Los operadores podrán conectar un módulo de transmisión de identificación remota a su aeronave no tripulada que les permita identificarse de forma remota. Sin esta opción, los operadores solo podrían operar dentro de los límites de un área de identificación reconocida por la ANAC.
- <u>Evaluación de amenazas refinada</u>: La identificación remota proporciona información casi en tiempo real a las agencias de seguridad y las organizaciones policiales que mejorarán las evaluaciones de amenazas.

- <u>Promueve la seguridad</u>: La disponibilidad de información casi en tiempo real facilitada por la identificación remota desalienta los vuelos inseguros por parte de los operadores de aeronaves no tripuladas, promoviendo así la seguridad para otros usuarios del espacio aéreo de Argentina y para aquellos en tierra.
- <u>Apoya la innovación de la industria</u>: Apoya la innovación tecnológica y de la industria futura al proporcionar un marco basado en el desempeño para el desarrollo de estándares y medios de cumplimiento de la industria actuales y futuros.

UNA DECLARACIÓN DE LA NECESIDAD Y LOS OBJETIVOS DE LA REGLA

La identificación remota de aeronaves no tripuladas es necesaria para garantizar la seguridad pública y la seguridad y eficiencia del espacio aéreo de Argentina. El marco de identificación remota proporciona datos específicos de aeronaves no tripuladas, que podrían usarse en conjunto con nuevas tecnologías e infraestructura para facilitar capacidades operativas avanzadas (como detectar y evitar y comunicaciones de aeronave a aeronave que respaldan operaciones más allá de la línea de visión visual). La identificación remota de aeronaves no tripuladas permitirá a la ANAC, las agencias de seguridad nacional y las entidades encargadas de hacer cumplir la ley, distinguir a los usuarios del espacio aéreo que cumplen con las normas de aquellos que potencialmente representan un riesgo para la seguridad.

Las reglas actuales para el registro y marcado de aeronaves no tripuladas facilitan la identificación de los propietarios de aeronaves no tripuladas. Las tecnologías de vigilancia electrónica existentes, como los transpondedores y ADS-B, se consideraron como posibles soluciones para la identificación remota de aeronaves no tripuladas, pero se determinó que no eran adecuadas debido a la falta de infraestructura para estas tecnologías en altitudes más bajas y la posible saturación del espectro de radiofrecuencia disponible. Actualmente, la falta de datos en tiempo real sobre las operaciones de aeronaves no tripuladas afecta la capacidad de la ANAC para supervisar la seguridad y protección del espacio aéreo de Argentina, crea desafíos para las agencias de seguridad nacional y las entidades encargadas de hacer cumplir la ley en la identificación de amenazas e impide la mayor integración de VANTs en el espacio aéreo de nacional. La ANAC abordará los problemas de identificación asociados con los VANTs al requerir el uso de sistemas y tecnología para permitir la identificación remota de aeronaves no tripuladas.

La regla final es consistente con las misiones de la ANAC de promover el vuelo seguro de aeronaves civiles a través de las regulaciones necesarias para la seguridad en el comercio aéreo y la seguridad nacional y promover el uso seguro y eficiente del espacio aéreo navegable. La regla también fortalece la supervisión de la ANAC de las operaciones de VANT y apoya los esfuerzos de la aplicación de la ley para abordar y mitigar el comportamiento disruptivo y los peligros, que pueden amenazar la seguridad del espacio aéreo nacional. El acceso casi en tiempo real a la información de identificación remota también ayudará a los socios de seguridad federales en la discriminación de amenazas, permitiéndoles identificar a un operador y tomar una decisión informada sobre la necesidad de tomar medidas para mitigar un riesgo percibido de seguridad o protección. La regla final mejora la capacidad de la ANAC para monitorear el cumplimiento de las regulaciones aplicables; contribuye a la capacidad de la ANAC para emprender acciones educativas, de cumplimiento necesarias para mitigar los riesgos de seguridad; y avanza gradualmente a la integración segura y protegida de VANT en el espacio aéreo de Argentina.

<u>La ANAC estará integrando las operaciones de VANTs en el espacio aéreo de la Argentina a través de un enfoque gradual, incremental y basado en riesgos.</u>

Esta acción implementaría requisitos para la identificación remota de VANT. La identificación remota de VANT en el espacio aéreo de Argentina abordaría las preocupaciones de seguridad, protección y aplicación de la ley con respecto a la mayor integración de estas aeronaves en el espacio aéreo.

PARTE SEGUNDA
Vuelos Sobre Personas

INTRODUCCIÓN

En 2015, la ANAC publicó la certificación de operador VANT y las reglas de operación para pequeñas aeronaves civiles no tripuladas que pesan menos de 500 gramos. Esas reglas no permitían operaciones de pequeñas aeronaves no tripuladas por la noche o sobre personas sin una exención. En esta Parte Segunda se propone modificar este reglamento para permitir operaciones rutinarias de aeronaves pequeñas no tripuladas sobre personas y de noche bajo ciertas condiciones, además de cambiar el marco de entrenamiento recurrente, ampliar la lista de personas que pueden solicitar la presentación de un certificado de piloto a distancia, y haciendo otros cambios menores.

Esta regla es el siguiente paso en el enfoque incremental de la ANAC para integrar los VANTs en el sistema del espacio aéreo nacional (SEAN), basado en las demandas de mayor flexibilidad operativa y la experiencia que la ANAC ha adquirido desde que publicó inicialmente las certificaciones. Esta regla también se basa en la filosofía regulatoria basada en el desempeño establecida en el CE-VANT.

RESUMEN EJECUTIVO

Operaciones sobre personas

Esta regla permite operaciones de rutina expandidas de aeronaves pequeñas no tripuladas sobre personas sin una exención o exención bajo ciertas condiciones. Antes de esta regla final, las operaciones de VANT pequeñas sobre personas se limitaban a operaciones sobre personas que participan directamente en la operación, ubicadas debajo de una estructura cubierta o dentro de un vehículo estacionario. Esta regla amplía la capacidad de realizar operaciones sobre las personas, siempre que la operación cumpla con los requisitos de una de las cuatro categorías operativas. Esta regla establece la elegibilidad de la aeronave y los requisitos operativos para las cuatro categorías de operaciones sobre personas. Las primeras tres categorías de operaciones sobre personas, que la ANAC propondrá, se basan en el riesgo de lesiones que presentan a las personas en tierra. Esta regla también establecerá una cuarta categoría, que se basa en que las aeronaves pequeñas no tripuladas tengan un certificado de aeronavegabilidad. Los pilotos remotos tienen prohibido operar una pequeña aeronave no tripulada como una operación de Categoría 1, 2 o 4 en vuelo sostenido sobre conjuntos al aire libre a menos que la operación cumpla con los requisitos operativos y de difusión de identificación remota para aeronaves no tripuladas de identificación remota estándar o aeronaves no tripuladas con módulos de difusión de identificación remota). Para realizar operaciones que involucren vuelo sostenido sobre conjuntos al aire libre para las Categorías 1, 2 y 4, los pilotos remotos deben cumplir voluntariamente con los requisitos de operación y transmisión antes de la fecha de cumplimiento operacional de la regla final para la identificación remota de aeronaves no tripuladas. Después de la fecha de cumplimiento operacional de la regla final para la identificación remota de aeronaves no tripuladas, todas las aeronaves no tripuladas que requieran registrarse deben cumplir con los requisitos operativos de la regla de identificación remota. El vuelo sostenido sobre un conjunto al aire libre incluye flotar sobre las cabezas de las personas reunidas en un conjunto al aire libre, volar de un lado a otro sobre un conjunto al aire libre o dar vueltas sobre el conjunto de tal manera que la pequeña aeronave no tripulada permanezca por encima de la multitud. El 'vuelo sostenido' sobre una reunión al aire libre de personas en una operación de Categoría 1, 2 o 4 no incluye un tránsito breve y único sobre una parte de la reunión, donde el tránsito es simplemente incidental en una operación punto a punto no relacionada con la multitud. Se describen ejemplos de reuniones al aire libre más adelante. La ANAC podrá renunciar al cumplimiento de esta disposición según corresponda. Sin embargo, las condiciones de cualquier exención emitida pueden requerir que el operador notifique a las autoridades locales antes de la operación.

Operaciones de categoría 1

Las operaciones de Categoría 1 sobre personas están permitidas utilizando una pequeña aeronave no tripulada que: (a) pesa 250 gramos o menos, incluyendo todo lo que esté a bordo o de otra manera sujeto a la aeronave en el momento del despegue y durante la duración de cada operación; y (b) no contiene partes giratorias expuestas que lacerarían la piel humana al impactar contra un ser humano. Los pilotos remotos son responsables de determinar que su pequeña aeronave no tripulada no exceda el umbral de peso y de asegurarse de que su pequeña aeronave no tripulada no contenga partes giratorias expuestas que lacerarían la piel humana. Además, ningún piloto a distancia al mando puede operar una pequeña aeronave no tripulada como una operación de Categoría 1 en vuelo sostenido sobre conjuntos al aire libre a menos que la operación cumpla con los requisitos de identificación remota aplicables.

Operaciones de Categoría 2

La Categoría 2 proporciona elegibilidad basada en el desempeño y requisitos operativos cuando se realizan operaciones sobre personas que usan aeronaves no tripuladas que pesan más de 250 gramos pero que no tienen un certificado de aeronavegabilidad. Para ser elegible para operaciones de Categoría 2, una pequeña aeronave no tripulada debe cumplir con los siguientes tres requisitos de seguridad. Primero, la aeronave pequeña no tripulada debe diseñarse, producirse o modificarse de manera que no cause lesiones a un ser humano que sean equivalentes o mayores que la gravedad de las lesiones causadas por una transferencia de 15 Julios (J) de energía cinética tras el impacto de un objeto rígido. Una pequeña aeronave no tripulada solo será elegible para realizar operaciones de Categoría 2 si la persona que presenta la declaración de cumplimiento (el solicitante) puede demostrar que la lesión resultante de un impacto entre la pequeña aeronave no tripulada y una persona en tierra es menor que esta lesión. límite de gravedad.

En segundo lugar, la pequeña aeronave no tripulada no debe contener partes giratorias expuestas que puedan lacerar la piel humana al impactar contra un ser humano. En tercer lugar, la pequeña aeronave no tripulada no debe contener ningún defecto de seguridad.

Como punto de aclaración, esta regla usa el término "solicitante" para referirse a la persona que presenta una declaración de cumplimiento a la ANAC para su revisión y aceptación. Un solicitante de una declaración de cumplimiento puede ser cualquier persona que diseñe, produzca o modifique una pequeña aeronave no tripulada.

Además, una pequeña aeronave no tripulada elegible para realizar operaciones de Categoría 2 debe: (1) mostrar una etiqueta en la aeronave que indique la elegibilidad para realizar operaciones de Categoría 2; (2) tener instrucciones de operación de piloto remoto actualizadas que se apliquen a la operación de la pequeña aeronave no tripulada; y (3) estar sujeto a un proceso de notificación y soporte del producto.

Esta regla también establece ciertos requisitos operativos para pilotos remotos que realizan operaciones de Categoría 2. Específicamente, un piloto remoto debe usar una pequeña aeronave no tripulada que sea: (1) elegible para operaciones de Categoría 2; (2) enumerados en una declaración de cumplimiento aceptada por la ANAC como elegible para operaciones de Categoría 2; y (3) etiquetados como elegibles para realizar operaciones de Categoría 2. Además, ningún piloto remoto al mando puede operar una pequeña aeronave no tripulada como una operación de Categoría 2 en vuelo sostenido sobre conjuntos al aire libre a menos que la operación cumpla con los requisitos operativos y de transmisión de identificación remota para aeronaves no tripuladas de identificación remota estándar o aeronaves no tripuladas con módulos de transmisión de identificación remota, incluso antes de la fecha de cumplimiento operativo para la identificación remota.

Operaciones de Categoría 3

Similar a la Categoría 2, para ser elegible para operaciones de Categoría 3, una pequeña aeronave no tripulada debe cumplir con ciertos requisitos de seguridad. Aunque las operaciones de Categoría 3 están sujetas a un límite de gravedad de la lesión más alto que la Categoría 2, el riesgo de lesión de un individuo se mitiga aplicando limitaciones operativas.

Para ser elegible para operaciones de Categoría 3, una pequeña aeronave no tripulada debe cumplir con los siguientes tres requisitos de seguridad. Primero, la pequeña aeronave no tripulada debe diseñarse, producirse o modificarse de manera que no cause lesiones a un ser humano que sean equivalentes o mayores a la gravedad de las lesiones causadas por una transferencia de 34 Julios de energía cinética en el momento del impacto. de un objeto rígido. En segundo lugar, la pequeña aeronave no tripulada no debe contener partes giratorias expuestas que puedan lacerar la piel humana al impactar contra un ser humano. En tercer lugar, la pequeña aeronave no tripulada no debe contener ningún defecto de seguridad.

Además, una pequeña aeronave no tripulada elegible para realizar operaciones de Categoría 3 debe: (1) exhibir una etiqueta en la aeronave que indique la elegibilidad para realizar operaciones de Categoría 3; (2) tener instrucciones de operación de piloto remoto actualizadas que se apliquen a la operación de la pequeña aeronave no tripulada; y (3) estar sujeto a un proceso de notificación y soporte del producto.

Esta regla también establece ciertos requisitos operativos para pilotos remotos que realizan operaciones de Categoría 3. Específicamente, un piloto remoto debe usar una pequeña aeronave no tripulada que sea: (1) elegible para operaciones de Categoría 3; (2) enumerados en una declaración de cumplimiento aceptada por la ANAC; y (3) etiquetados como elegibles para realizar operaciones de Categoría 3. La Categoría 3 también incluye limitaciones operativas adicionales que no se aplican a la Categoría 2. Estas limitaciones operativas son necesarias para mitigar el mayor riesgo de lesiones asociado con el límite de gravedad de lesiones más alto permitido para aeronaves pequeñas no tripuladas que realizan operaciones de Categoría 3. Específicamente, las operaciones de Categoría 3 están prohibidas sobre asambleas de seres humanos al aire libre y solo están permitidas si: (1) la operación se realiza dentro o sobre sitios cerrados o de acceso restringido y todos dentro de ese sitio han sido notificados de que una pequeña aeronave no tripulada puede volar sobre ellos; o (2) la aeronave pequeña no tripulada no mantiene un vuelo sostenido sobre una persona que no participa directamente en la operación o que no está ubicada debajo de una estructura cubierta o dentro de un vehículo estacionario que pueda brindar protección razonable contra una pequeña aeronave no tripulada que cae. El vuelo sostenido incluye flotar sobre la cabeza de cualquier persona, volar de un lado a otro sobre un conjunto al aire libre o dar vueltas sobre una persona no involucrada de tal manera que la pequeña aeronave no tripulada permanece por encima de alguna parte de esa persona. Además, un sitio de acceso cerrado o restringido podría ser un área que contiene barreras físicas, personal o ambos, según corresponda, para garantizar que no se produzca un acceso inadvertido o no autorizado.

Demostrar el cumplimiento de los requisitos de seguridad

Antes de que una pequeña aeronave no tripulada pueda usarse para operaciones de Categoría 2 o Categoría 3, esta regla requiere que el solicitante declare cumplimiento con el límite de gravedad de lesiones aplicable y la prohibición de partes giratorias expuestas. La regla también requiere que el solicitante declare que la pequeña aeronave no tripulada no contiene ningún defecto de seguridad y está sujeta a un proceso de notificación y soporte del producto. El solicitante deberá presentar a la ANAC una declaración de cumplimiento en el que el solicitante declara que ha demostrado, utilizando un medio de cumplimiento aceptado por la ANAC, que la pequeña aeronave no tripulada, o configuraciones específicas de esa aeronave, satisface el límite de gravedad de la lesión y la prohibición de partes giratorias expuestas. Esta regla también incluye un requisito de retención de registros para una persona que presenta una declaración de cumplimiento o un medio de cumplimiento. La ANAC utilizará el término "medio de cumplimiento" para referirse al método que utiliza el solicitante para demostrar que su pequeña aeronave no tripulada no excedería el límite de gravedad de lesión aplicable en el impacto con un ser humano y no contiene partes giratorias expuestas que podrían causar laceraciones. La ANAC debe aceptar un medio de cumplimiento antes de que un solicitante pueda confiar en él para declarar el cumplimiento de los requisitos de esta regla.

Esta regla permite que cualquier persona desarrolle y presente a la ANAC para su aceptación cualquier medio de cumplimiento que cumpla con los requisitos de Categoría 2 o Categoría 3. La ANAC proporcionará un medio de cumplimiento para que las aeronaves pequeñas no tripuladas demuestren que no tienen partes giratorias expuestas que puedan lacerar la piel humana al impactar contra un ser humano. Este medio de cumplimiento no es aplicable a todos los tipos de aeronaves pequeñas no tripuladas. La ANAC anticipará que la industria desarrollará y presentará para la aceptación de la ANAC medios de cumplimiento más completos que otorguen crédito por materiales y diseños innovadores.

Esta regla también requiere que un solicitante proporcione instrucciones de operación de piloto remoto sobre la venta o transferencia de la pequeña aeronave no tripulada, o el uso de la aeronave por alguien que no sea el solicitante. El solicitante también debe establecer y mantener un proceso para notificar al público y a la ANAC de cualquier defecto de seguridad que cause que la pequeña aeronave no tripulada ya no cumpla con los requisitos de Categoría 2 o Categoría 3.

Operaciones de Categoría 4

La ANAC estará de acuerdo en que la confiabilidad demostrable de la pequeña aeronave no tripulada es una ruta alternativa para las operaciones sobre las personas. Por lo tanto, esta regla final incluye una cuarta categoría para permitir que las aeronaves pequeñas no tripuladas emitidas con un certificado de aeronavegabilidad operen sobre personas de acuerdo con el CE-VANT, siempre que las limitaciones operativas especificadas en el Manual de vuelo aprobado o según lo especificado por la administración, no prohíben las operaciones sobre seres humanos. Además, ningún piloto remoto al mando puede operar una pequeña aeronave no tripulada como una operación de Categoría 4 en vuelo sostenido sobre conjuntos al aire libre, a menos que la operación cumpla con los requisitos operativos y de transmisión de identificación remota para el control remoto estándar. identificación de aeronaves no tripuladas o aeronaves no tripuladas con módulos de difusión de identificación remota incluso antes de la fecha de cumplimiento operacional para la identificación remota.

Para preservar la aeronavegabilidad continua de la aeronave pequeña no tripulada y continuar cumpliendo con un nivel de confiabilidad que la ANAC considere aceptable para sobrevolar personas de acuerdo con la Categoría 4, se aplican ciertos requisitos adicionales. La persona que realice cualquier mantenimiento, mantenimiento preventivo o alteraciones debe utilizar los métodos, técnicas y prácticas prescritas en el manual de mantenimiento actual del fabricante o en las instrucciones para el mantenimiento de la aeronavegabilidad que sean aceptables para la administración u otros métodos, técnicas y prácticas aceptables para la ANAC. Además, la persona debe tener el conocimiento, la habilidad y el equipo apropiado para realizar el trabajo. El propietario debe, a menos que haya celebrado un acuerdo con otra entidad para operar la aeronave pequeña no tripulada, mantener registros del mantenimiento realizado en la aeronave, así como registros que documenten el estado de las piezas con vida limitada, el cumplimiento de las directivas de aeronavegabilidad y el cumplimiento de las inspecciones. de los pequeños VANTs.

Operaciones sobre vehículos en movimiento

Si bien las operaciones de aeronaves pequeñas no tripuladas sobre personas en vehículos en movimiento estaban prohibidas, la ANAC considerará permitir la operación de pequeñas aeronaves no tripuladas sobre personas en vehículos en movimiento sin una exención y solicitará comentarios públicos sobre esta propuesta. La ANAC concluirá que las operaciones sobre personas en vehículos en movimiento se pueden realizar de manera segura, sujeto a ciertas condiciones. Por lo tanto, esta regla permite operaciones de aeronaves pequeñas no tripuladas sobre personas dentro de vehículos en movimiento, sujeto a las siguientes condiciones. Primero, la operación de aeronaves pequeñas no tripuladas debe cumplir con los requisitos para una operación de Categoría 1, 2 o 3 bajo el CE-VANT o cumplir con los requisitos para aeronaves pequeñas no tripuladas de Categoría 4. En segundo lugar, para la Categoría 1, 2 o 3, la operación debe cumplir una de las siguientes condiciones: (1) la pequeña aeronave no tripulada debe estar dentro o sobre un sitio cerrado o de acceso restringido donde cualquier ser humano se encuentre dentro de un vehículo en movimiento dentro del sitio de acceso cerrado o restringido se advierte que una pequeña aeronave no tripulada puede sobrevolarlos; o (2) si la operación no está dentro o sobre un sitio cerrado o de acceso restringido, la pequeña aeronave no tripulada no debe mantener un vuelo sostenido sobre vehículos en movimiento.

Operaciones de noche

Esta regla permite operaciones de rutina de pequeños VANTs por la noche bajo dos condiciones. En primer lugar, el piloto a distancia al mando debe completar una prueba de conocimiento inicial actual o una capacitación periódica, según corresponda, para asegurarse de estar familiarizado con los riesgos y las mitigaciones adecuadas para las operaciones nocturnas. En segundo lugar, la pequeña aeronave no tripulada debe tener iluminación anticolisión encendida visible durante al menos 5 kilómetros terrestres que tenga una frecuencia de destello suficiente para evitar una colisión.

Otros cambios al CE-VANT

Además de permitir operaciones de rutina sobre personas y durante la noche, esta regla también enmienda el CE-VANT para abordar los siguientes temas.

Requisitos de formación y pruebas piloto a distancia

Anteriormente, el CE-VANT requería que los solicitantes iniciales de piloto remoto de VANTs pequeños y los pilotos remotos de VANTs pequeños completaran una prueba de conocimiento aeronáutico inicial o una prueba de conocimiento aeronáutica periódica dentro de los 24 meses calendario anteriores antes de operar un VANT pequeño. Esta regla final revisa estos reglamentos para requerir entrenamiento recurrente. Esta regla final mantiene, según se propone, la disposición de que las personas que posean un certificado de piloto (que no sean los poseedores de un certificado de estudiante piloto) y hayan completado una revisión de vuelo dentro de los 24 meses calendario previos pueden continuar completando ya sea entrenamiento inicial o entrenamiento recurrente. La regla final también armoniza los temas cubiertos en las pruebas y la capacitación. La ANAC estará actualizando los materiales de prueba y capacitación relacionados para agregar nueva información sobre las operaciones nocturnas.

Inspección, prueba y demostración de cumplimiento

Los pilotos a distancia deben presentar su certificado de piloto a distancia e identificación a solicitud de la administración. Esta regla amplía esa obligación de exigir a los pilotos a distancia que presenten su certificado de piloto a distancia e identificación a solicitud de: la administración; un representante autorizado de la Junta de Seguridad en el Transporte (JST); y cualquier agente del orden público federal, estatal o local. Además, la regla final requiere que la persona que opere el VANT pequeño debe tener su certificado de piloto remoto e identificación en su poder cuando opere.

Esta regla también agregará requisitos al CE-VANT para cualquier persona que posea una declaración de cumplimiento aceptada por la ANAC. Bajo esta regla, cualquier persona que posea una declaración de cumplimiento aceptada por la ANAC debe, previa solicitud, proporcionar a la ANAC dicha declaración y otro documento, registro o informe que deba mantenerse de acuerdo con las regulaciones de este capítulo. Además, esta regla permite que la ANAC inspeccione las instalaciones de la persona, los datos técnicos y las pequeñas aeronaves no tripuladas cubiertas por la declaración de cumplimiento para determinar el cumplimiento.

La ANAC utilizará los términos "aeronave no tripulada" y "VANT" de manera amplia al discutir las regulaciones de VANT. Si bien estos términos son correctos en muchas circunstancias, es impreciso en otras. Una pequeña aeronave no tripulada es simplemente la aeronave en sí, mientras que "VANT" se refiere también a la aeronave, la estación de control en tierra, los enlaces de comunicación y otros componentes. En el caso de operar sobre personas, el piloto remoto vuela la aeronave sobre personas, no sobre la estación de control en tierra. En un esfuerzo por remediar cualquier confusión que pueda haber causado el uso del término "VANT pequeños", esta regla final usa el término "aeronaves pequeñas no tripuladas" en cualquier sección que discuta operaciones sobre personas y vehículos en movimiento. Por ejemplo, la regla se refiere a aeronaves pequeñas no tripuladas cuando se discuten los requisitos para operar sobre personas y vehículos en movimiento, pero se refiere a VANT pequeños cuando se discuten las instrucciones de operación del piloto remoto, ya que las regulaciones que se refieren a las responsabilidades del piloto remoto usan "VANT pequeños".

Además, para mejorar la claridad, la ANAC también deberá realizar algunos cambios organizativos en las secciones reglamentarias propuestas, incluida la remuneración de las secciones y la reestructuración del texto reglamentario.

Resumen de beneficios y costos

La ANAC analizará los impactos de esta regla y esperará que los beneficios superen los costos.

La regla permitirá operaciones adicionales de pequeños VANTs que beneficiarán a la economía y facilitarán la innovación y el crecimiento en una variedad de sectores, como construcción, educación, inspección de infraestructura, seguros, marketing y fotografía de eventos. Las operaciones actualmente permitidas bajo el CE-VANT se volverán menos onerosas y, en muchos casos, más eficientes con esta regla porque, en general, los pilotos remotos no necesariamente tendrían que evitar volar sobre personas o despejar un área de personas no participantes antes de volar.

Los costos de esta regla incluyen que la ANAC convierta la administración de exámenes en administración de capacitación; fabricantes que realizan pruebas, análisis o inspecciones para cumplir con los requisitos de fabricación de una pequeña aeronave no tripulada para operaciones sobre personas; y pilotos remotos que estudian materias adicionales relacionadas con actividades habilitadas por la regla final. Los ahorros de costos de esta regla incluyen alivio proporcionado a través de capacitación en línea para pilotos remotos y alivio del tiempo que la ANAC gasta en procesar exenciones.

OPERACIONES SOBRE PERSONAS

Esta regla final permite operaciones de rutina sobre personas de acuerdo con el CE-VANT y bajo ciertas condiciones sin una exención. De acuerdo con la propuesta a la ANAC, los requisitos para operaciones de rutina sobre personas varían dependiendo del nivel de riesgo de las operaciones de aeronaves pequeñas no tripuladas. presente a la gente en el suelo. La ANAC propondrá tres categorías de operaciones permitidas sobre personas basadas en el riesgo de lesiones que presentan: Categoría 1, Categoría 2 y Categoría 3. Esta regla finaliza esas tres categorías como se describe en las siguientes secciones y agrega una cuarta categoría para permitir operaciones sobre personas que se presenten con aeronaves pequeñas no tripuladas que tengan certificado de aeronavegabilidad. Las siguientes secciones describen los requisitos y limitaciones que mitigan los riesgos asociados con las operaciones sobre las personas.

Preocupaciones de seguridad

Riesgos de funcionamiento

Además, la ANAC tendrá un Programa de Cumplimiento cuidadosamente estructurado y un Programa de Cumplimiento para manejar todas las infracciones legales y reglamentarias, incluidas las infracciones al CE-VANT. La ANAC establecerá normas reglamentarias para garantizar operaciones seguras en el (SNEA[6]). El sistema de la ANAC se basará en gran medida y dependerá del cumplimiento voluntario de los estándares regulatorios. El personal de la ANAC utilizará acciones de cumplimiento, administrativas o de cumplimiento legal para defender el interés de la seguridad del público para garantizar que todas las personas reguladas cumplan con su conducta con los requisitos legales y reglamentarios de la ANAC

Un Programa de Cumplimiento y Ejecución se utilizará para abordar problemas de seguridad y desviaciones reales o aparentes de las regulaciones o estándares. La ley pública y la política de la administración permitirán a las oficinas del programa de la ANAC usar su discreción al tomar medidas para resolver problemas de seguridad en el SNEA. Las políticas y procedimientos emitidos por las oficinas del programa, guían al personal de la administración en el ejercicio de la discreción procesal, incluido el uso de acciones de cumplimiento, administrativas y de ejecución legal, para garantizar mejor que las personas reguladas cumplan su conducta a los requisitos legales y reglamentarios. Los incumplimientos por parte de personas reguladas que deseen y puedan cumplir y estén dispuestas a cooperar en acciones correctivas se pueden abordar con acciones de cumplimiento, excepto cuando se requiera una acción legal de cumplimiento o se prefiera según la política de la administración. Bajo el Programa de Cumplimiento y Ejecución, las oficinas del programa de la ANAC, serán propietarios de políticas para las acciones de cumplimiento. La ANAC anticipará que en situaciones en las que el personal de aplicación de la ley necesita determinar si una aeronave no tripulada que opera sobre personas bajo esta regla cumple con los requisitos, los números de serie transmitidos por aeronaves no tripuladas como se requiere en la regla final de identificación remota permitirán a las fuerzas del orden determinar rápidamente la marca. y modelo en la base de datos de la ANAC. Los incumplimientos por parte de personas reguladas que no desean o no pueden cumplir o que no cooperan en las acciones correctivas se abordan con acciones penales.

Finalmente, la ANAC señalará que esta regla prohíbe la Categoría 3 sobre multitudes al aire libre. Los pilotos remotos tienen prohibido operar una pequeña aeronave no tripulada como una operación de Categoría 1, 2 o 4 en vuelo sostenido sobre conjuntos al aire libre a menos que la operación cumpla con los requisitos (requisitos operativos y de difusión de identificación remota para aeronaves no tripuladas de identificación remota estándar o aeronaves no tripuladas con módulos de difusión de identificación remota). La ANAC podrá renunciar al cumplimiento de esta disposición según corresponda. Sin embargo, las condiciones de cualquier exención emitida pueden requerir que el operador notifique a las autoridades locales antes de la operación. Todas las operaciones de aeronaves pequeñas no tripuladas están sujetas a requisitos de identificación remota en la fecha de cumplimiento de identificación remota aplicable, según se especifica en la regla final de Identificación remota para aeronaves no tripuladas.

OPERACIONES DE CATEGORÍA 1

Se propondrá establecer una categoría de operaciones sobre las personas que utilicen pequeñas aeronaves no tripuladas que pesen 250 gramos o menos, incluido todo lo que esté a bordo o conectado de alguna otra manera a la aeronave en el momento del despegue. La ANAC determinará que las operaciones de aeronaves pequeñas no tripuladas que pesen 250 gramos o menos, sujetas a todos los requisitos existentes que rigen las operaciones en el CE-VANT, presentan un riesgo bajo de lesiones cuando se opera sobre personas. Se referirá a esta categoría de operaciones de aeronaves pequeñas no tripuladas como Categoría 1.

Se explicará que los pilotos remotos al mando serían responsables de determinar que su pequeña aeronave no tripulada no exceda los 250 gramos y, por lo tanto, serían elegibles para operaciones en esta categoría. El límite de peso se aplicaría desde el despegue hasta el aterrizaje, lo que significa que cualquier carga adjunta a la pequeña aeronave no tripulada no debe causar el agregado peso (aeronave no tripulada más carga) que supere los 250 gramos. No se propondrá ningún estándar de diseño para la Categoría 1. Sin embargo, la ANAC invitará al público a comentar sobre cualquier dato disponible sobre el riesgo de lesiones a las personas que plantean las operaciones con pequeñas aeronaves no tripuladas que pesen 250 gramos o menos. La ANAC también invitará al público a comentar si las operaciones de aeronaves pequeñas no tripuladas elegibles para operar de conformidad con la Categoría

1 deberían estar sujetas a un requisito basado en el rendimiento para las partes giratorias expuestas.

Umbral de peso

El umbral de peso de 250 gramos propuesto es apropiado para una categoría de bajo riesgo basada en el peso para operaciones de aeronaves pequeñas no tripuladas sobre personas. Aunque varios droneros recomendarán un aumento en el umbral de peso a 450 gramos o más, la ANAC deberá reiterar que nada en esta regla impide que las aeronaves pequeñas no tripuladas que pesen más de 250 gramos operen sobre personas, siempre que estas pequeñas aeronaves no tripuladas demuestren que no representan un riesgo inaceptable para las personas en tierra al cumplir con los requisitos para una operación de Categoría 2, Categoría 3 o Categoría 4.

La ANAC deberá proponer la Categoría 1 para proporcionar a los pilotos remotos una categoría de bajo riesgo que sea simple y directa. Los pilotos remotos pueden determinar el cumplimiento simplemente pesando la aeronave y todo lo que se encuentra a bordo o adjunto, lo que no requiere ningún equipo especializado para medir. Una categoría basada en la limitación de velocidad o lesiones basada en la energía cinética en el impacto requeriría un medio de cumplimiento para mostrar cómo la tecnología u otras soluciones cumplirían con la limitación. El umbral de peso de 250 gramos representa un nivel aceptable de riesgo para la Categoría 1. Cualquier limitación adicional de velocidad o altitud más allá de lo que ya se requiere bajo el CE-VANT sería inconsistente con el objetivo de tener una categoría de menor riesgo.

Prohibición de piezas giratorias expuestas

Esta regla prohíbe la elegibilidad de Categoría 1 a todos los pequeños aeronaves no tripuladas con partes giratorias expuestas que lacerarían la piel humana.

Las piezas giratorias expuestas en aeronaves pequeñas no

tripuladas que pesen 250 gramos o menos podrían causar laceraciones incluso si el operador toma precauciones. Además, a medida que avanza la tecnología de las aeronaves pequeñas no tripuladas y se logran altos niveles de rendimiento con materiales de construcción que son más livianos y rígidos que los materiales que se utilizan en la actualidad, las aeronaves pequeñas no tripuladas que pesan 250 gramos o menos continuarán experimentando mejoras de rendimiento, lo que podría aumentar los riesgos de laceración de partes giratorias expuestas. Las operaciones de categoría 1 deben presentar solo un riesgo de lesiones bajo; por lo tanto, es responsabilidad del piloto a distancia volar a altitudes y velocidades adecuadas para evitar que su aeronave cause lesiones a personas en tierra en caso de accidente o colisión. Finalmente, estas pequeñas aeronaves no tripuladas no deben contener partes giratorias expuestas que puedan lacerar la piel humana.

La categoría 1 proporciona un medio para que las pequeñas aeronaves no tripuladas operen sobre personas con una carga mínima para el operador. Como resultado, a diferencia de las Categorías 2 y 3, esta regla no requiere la presentación de una declaración de cumplimiento. En cambio, esta regla requiere que los pilotos remotos de pequeñas aeronaves no tripuladas garanticen que las piezas giratorias, si están expuestas, no causen laceraciones a la piel humana. Los pilotos remotos pueden lograr esto instalando dispositivos de protección antes de operar sobre personas. El fabricante original de aeronaves no tripuladas podría poner a disposición dispositivos de protección, comprados como piezas de repuesto, o el propietario u operador podría diseñarlos e instalarlos. Independientemente de la fuente de cualquier dispositivo de protección, el piloto remoto debe asegurarse de que la pequeña aeronave no tripulada no contenga partes giratorias expuestas que lacerarían la piel humana y que no exceda la limitación basada en el peso de la Categoría 1.

Prohibición de vuelo sostenido

sobre conjuntos al aire libre para la categoría 1

Los pilotos remotos tienen prohibido operar una pequeña aeronave no tripulada como una operación de Categoría 1 en vuelo sostenido sobre conjuntos al aire libre a menos que la operación cumpla con los requisitos operativos y de transmisión de identificación remota para aeronaves no tripuladas de identificación remota estándar o aeronaves no tripuladas con módulos de difusión de identificación remota. El vuelo sostenido sobre un conjunto al aire libre incluye flotar sobre las cabezas de las personas reunidas en un conjunto al aire libre, volar de un lado a otro sobre un conjunto al aire libre o dar vueltas sobre el conjunto de tal manera que la pequeña aeronave no tripulada permanezca por encima alguna parte de la asamblea.

OPERACIONES DE CATEGORÍA 2 Y 3

Para realizar operaciones sobre personas que utilizan pequeñas aeronaves no tripuladas que pesan más de 250 gramos, la administración propondrá dos categorías de elegibilidad de aeronaves basadas en el riesgo de lesiones humanas significativas. Para ser elegible para operaciones sobre personas en cualquiera de estas categorías, las aeronaves pequeñas no tripuladas primero tendrían que demostrar el cumplimiento de los requisitos de seguridad aplicables a la categoría específica de operación. Estos requisitos establecen límites de gravedad de las lesiones que pueden causar los impactos de una pequeña aeronave no tripulada, prohíben las laceraciones de las piezas giratorias expuestas y prohíben los defectos de seguridad. Las aeronaves de categoría 3 estarían sujetas a limitaciones operativas adicionales como mitigación para permitir un nivel más alto de gravedad de las lesiones que la categoría 2.

La ANAC desarrollará esta regla bajo el marco de la reglamentación basada en el desempeño, que permite la mayor flexibilidad para cumplir con los requisitos mínimos de seguridad. La ANAC anticipará que la industria utilizará una amplia variedad de diseños, configuraciones, materiales y métodos para cumplir con los requisitos de seguridad establecidos por esta regla. Las aeronaves pequeñas no tripuladas que cumplen con los requisitos y se adhieren a las limitaciones aplicables de Categoría 2 o Categoría 3, junto con los requisitos operativos de las categorías respectivas, proporcionan un nivel de seguridad que la administración determinará que es aceptable.

Elegibilidad de pequeños VANTs para realizar operaciones de Categoría 2 y Categoría 3: Requisitos de diseño y producción

Para ser elegible para operaciones de Categoría 2 o Categoría 3, la ANAC propondrá requerir que una pequeña aeronave no tripulada sea diseñada, producida o modificada de manera que no exceda el límite de gravedad de lesión aplicable; no contiene partes giratorias expuestas que puedan lacerar la piel humana al impactar contra un ser humano; y no contiene ningún defecto de seguridad identificado por la administración. Además, la ANAC deberá proponer que un solicitante debería asegurarse de que una pequeña aeronave no tripulada elegible para su uso en operaciones de Categoría 2 o Categoría 3 también tenga que exhibir una etiqueta que indique qué categoría o categorías de operaciones es elegible para realizar, tenga control remoto actual, instrucciones de operación del piloto, estar sujeto a un proceso de notificación y soporte de producto, y que el solicitante haya recibido notificación de que la ANAC ha aceptado la declaración de cumplimiento.

Como punto de aclaración, esta regla usa el término solicitante para referirse a la persona que presenta una declaración de cumplimiento a la ANAC para su revisión y aceptación. Un solicitante de una declaración de cumplimiento puede ser cualquier persona que diseñe, produzca o modifique una pequeña aeronave no tripulada y sea responsable de garantizar que cumpla con todos los requisitos de elegibilidad para operar sobre personas.

La pequeña aeronave no tripulada debe diseñarse, fabricarse o modificarse de manera que no exceda el límite de gravedad de lesiones aplicable; no contiene partes giratorias expuestas que puedan lacerar la piel humana al impactar contra un ser humano; y no contiene ningún defecto de seguridad para ser elegible para operar sobre personas de Categoría 2 o Categoría 3.

Cualquier defecto de seguridad identificado por la administración, el solicitante, un piloto remoto o un miembro del público podría afectar la elegibilidad de la aeronave pequeña no tripulada para la Categoría 2 o Categoría 3. Además, el defecto de seguridad podría resultar en que la ANAC iniciará el proceso para rescindir una declaración de cumplimiento.

La ANAC adoptará el requisito de que un solicitante debe asegurarse de que una pequeña aeronave no tripulada elegible para su uso en la Categoría 2 o Categoría 3 muestre una etiqueta que indique qué categoría o categorías de operaciones es elegible para realizar, tenga instrucciones de operación de piloto remoto y esté sujeta a un proceso de notificación y soporte de productos. Si bien la pequeña aeronave no tripulada aún debe figurar en una declaración de cumplimiento, la ANAC eliminará el requisito de elegibilidad de que el solicitante debe ser notificado, porque el requisito escrito implicaba que el solicitante tenía una necesidad persistente de verificar la declaración de cumplimiento para garantizar la continuidad. elegibilidad.

La responsabilidad de asegurar la elegibilidad de la pequeña aeronave no tripulada recae en el solicitante. El solicitante de una declaración de cumplimiento debe asegurarse de que su pequeña aeronave no tripulada cumpla con los requisitos de elegibilidad para la Categoría 2 o la Categoría 3, o ambas. El solicitante debe presentar una declaración de cumplimiento y recibir la aceptación de la ANAC para que su pequeña aeronave no tripulada sea elegible para operaciones sobre personas. Un solicitante cuya declaración de cumplimiento ha sido aceptada por la ANAC debe cumplir continuamente con los requisitos, según corresponda, para que la aeronave pequeña no tripulada en cuestión continúe siendo elegible para su uso en operaciones de Categoría 2 o Categoría 3.

No debe exceder el límite de gravedad de lesiones aplicable

La prohibición de exceder el límite de gravedad de la lesión de la categoría de elegibilidad aplicable es un componente crítico de los requisitos de seguridad. Para operaciones de Categoría 2, la pequeña aeronave no tripulada no debe ser capaz de causar una lesión a un ser humano que sea más grave que una lesión causada por una transferencia de 15 Julios de energía cinética desde un objeto rígido. Para operaciones de Categoría 3, la pequeña aeronave no tripulada no debe ser capaz de causar una lesión a un ser humano que sea más grave que una lesión causada por una transferencia de 34 Julios de energía cinética desde un objeto rígido. El solicitante que busca demostrar la elegibilidad de una pequeña aeronave no tripulada para operaciones de Categoría 2 o Categoría 3 debe utilizar un medio de cumplimiento aceptado por la ANAC, como un procedimiento de prueba contenido en un estándar de consenso de la industria, para mostrar que la aeronave pequeña no tripulada no excede el límite de gravedad de lesiones aplicable.

La regla propuesta establece que el nivel de energía cinética de 15 Julios "considera variaciones para todas las partes del cuerpo tanto para adultos como para niños, incluso cuando las personas están en varias posiciones, como de pie, sentado y boca abajo". El valor de la energía cinética de impacto que forma parte del límite de gravedad de las lesiones por impactos de aeronaves pequeñas no tripuladas considera los riesgos para varias poblaciones y promedia estos riesgos en esas poblaciones. Una lesión que una pequeña aeronave no tripulada podría causarle a una persona depende de muchos factores, incluida la edad, condición o discapacidad de la persona. La gravedad de la lesión también depende de factores adicionales como el punto de impacto, el ángulo de impacto y la energía cinética de la aeronave no tripulada en el momento del impacto. Por las razones discutidas en la siguiente sección, los límites de gravedad de las lesiones brindan un nivel aceptable de riesgo de lesiones para todas las personas; en consecuencia, esta regla finaliza los estándares para las Categorías 2 y 3.

No debe tener partes giratorias expuestas

Para ser elegible para realizar operaciones de Categoría 2 o Categoría 3 sobre personas, la administración propondrá prohibir que una pequeña aeronave no tripulada sea diseñada, producida o modificada de manera que contenga partes giratorias expuestas que podrían lacerar la piel humana al impactar contra un ser humano. Como se establece en la regla propuesta, las partes giratorias expuestas podrían causar laceraciones u otras lesiones graves si estas partes entraran en contacto con una persona. Estas piezas son una característica común de los pequeños aeronaves no tripuladas en el mercado actual. Debido a los peligros que puede plantear esta característica, la administración propondrá restringir la elegibilidad para las Categorías 2 y 3 a aeronaves pequeñas no tripuladas que no contienen partes giratorias expuestas que puedan lacerar la piel humana en caso de impacto.

Esta regla se basa en el rendimiento y permite partes giratorias expuestas siempre que no laceren la piel humana. Agregar cubiertas de rotor, jaulas de cuerpo completo u otras características de seguridad pueden ser formas de cumplir con el requisito. La regla permite a los solicitantes emplear protectores de hélice o jaulas de cuerpo completo en consideración de mantener las características de vuelo apropiadas para la pequeña aeronave no tripulada. Diseños que utilizan protectores de hélice que evitan la exposición de piezas giratorias en encuentros humanos típicos, sería aceptable para la ANAC. La ANAC reconocerá que las laceraciones en la piel humana pueden no ser completamente prevenibles en todos los escenarios de encuentros. Los medios de cumplimiento abordarán cómo se cumple este requisito y pueden contener características de diseño y métodos de prueba para garantizar que el solicitante haya tomado todas las medidas razonables para mitigar la posibilidad de laceraciones por impacto con un ser humano. Si bien la inclusión de protectores de hélice o jaulas de cuerpo completo podría afectar negativamente el rendimiento de vuelo de la aeronave pequeña no tripulada, los beneficios de seguridad proporcionados por la prohibición superan la posible pérdida de rendimiento.

No debe contener defectos de seguridad
Para ser elegible para realizar operaciones sobre personas de acuerdo con la Categoría 2 o la Categoría 3, la administración propondrá requerir que cada aeronave pequeña no tripulada sea diseñada, producida o modificada de manera que no contenga ningún defecto de seguridad identificado por la administración. La administración considerará que un defecto de seguridad es un material, componente o característica de una pequeña aeronave no tripulada que aumenta la probabilidad de que la pequeña aeronave no tripulada pueda causar una baja o fatalidad a una persona durante una operación sobre personas. Según se define en la regla propuesta, un defecto de seguridad en una pequeña aeronave no tripulada elegible para realizar operaciones de Categoría 2 causaría que la aeronave no tripulada exceda una baja probabilidad de causar un accidente a una persona durante una operación sobre personas. Un defecto de seguridad en una pequeña aeronave no tripulada elegible para realizar operaciones de Categoría 3 haría que una pequeña aeronave no tripulada superara una baja probabilidad de causar una muerte a una persona durante una operación sobre personas.

Se proporcionarán los siguientes ejemplos de defectos de seguridad: cables expuestos o superficies calientes en una pequeña aeronave no tripulada que podrían causar electrocución o quemaduras a una persona en el impacto; baterías de polímero de litio o de iones de litio dañadas o defectuosas que podrían causar víctimas por incendios o explosiones de baterías; y bordes afilados o proyecciones que podrían causar laceraciones o pinchazos como resultado de un impacto con una persona. Se señalará que a medida que los diseños de aeronaves pequeñas no tripuladas evolucionan con el tiempo, podrían surgir características o características potencialmente peligrosas, desconocidas en la actualidad.

Para garantizar que esta regla siga siendo flexible y responda a los cambios en la tecnología, esta regla no contiene una lista exhaustiva de todos los posibles defectos o problemas de seguridad. Un defecto o problema de seguridad identificado requerirá acción por parte de la ANAC si la probabilidad de lesiones graves o muerte excede los parámetros de riesgo aceptable para la Categoría 2 o la Categoría 3.

Debe mostrar una etiqueta
Para calificar para operaciones sobre personas de acuerdo con la Categoría 2 o Categoría 3, la administración propondrá requerir la exhibición de una etiqueta en cada aeronave pequeña no tripulada, indicando la categoría o categorías para las cuales la aeronave pequeña no tripulada es elegible para realizar operaciones. La administración explicará que dicho etiquetado ayudará a la ANAC en su función de supervisión al proporcionar una manera simple y eficiente de determinar si una pequeña aeronave no tripulada es elegible para realizar operaciones sobre personas. Además, notificará a los pilotos remotos qué categoría de operaciones son elegibles para realizar utilizando esa aeronave.

La administración no propondrá un requisito de etiquetado prescriptivo que especifique exactamente cómo un solicitante debe etiquetar una aeronave, qué tamaño de fuente utilizar, ubicación específica, etc. Debido a la gran variedad de modelos de aeronaves pequeñas no tripuladas que existen, la administración explicará que tal requisito normativo sería innecesario. En cambio, la regla propuesta establece que la pequeña aeronave no tripulada podría etiquetarse por cualquier medio siempre que la etiqueta esté en español, sea legible, prominente y esté fijada permanentemente en la aeronave. Dado que una pequeña aeronave no tripulada podría ser elegible para realizar operaciones en más de una categoría de operaciones sobre personas, la pequeña aeronave no tripulada tendría que estar etiquetada con cada categoría de operaciones para las que la pequeña aeronave no tripulada es elegible. Se señalará que algunas aeronaves pequeñas no tripuladas que se fabrican antes de la publicación final de esta regla pueden calificar para una o más categorías de operaciones sobre personas. Si la ANAC aceptaría una declaración de cumplimiento para una de estas pequeñas aeronaves no tripuladas fabricadas previamente, la regla propuesta permitiría a un piloto remoto al mando operar la pequeña aeronave no tripulada sobre personas, siempre que la aeronave no tripulada esté etiquetada para la categoría apropiada o categorías de operación. Esta regla final requiere que un piloto remoto etiquete una pequeña aeronave no tripulada fabricada previamente de acuerdo con la declaración de cumplimiento. Además, si una etiqueta se degrada de tal manera que ya no es legible o ya no está adherida a la aeronave, la regla propuesta incluye un requisito de que el piloto remoto volviera a etiquetar la aeronave pequeña no tripulada. La ANAC requiere la etiqueta para dos propósitos. Para el piloto remoto, el propósito de la etiqueta es enumerar las categorías de operaciones sobre las personas que la aeronave pequeña no tripulada es elegible para realizar, como se indica en la declaración de cumplimiento aceptada por la ANAC. El otro propósito de la etiqueta es que la ANAC y otras agencias determinen que la pequeña aeronave no tripulada es elegible para realizar la operación.

Debe tener instrucciones de funcionamiento de piloto remoto

La administración propondrá exigir a los solicitantes que proporcionen instrucciones de operación de piloto remoto con información específica del producto para operaciones en Categoría 2 o Categoría 3, incluida la descripción del sistema y las limitaciones del sistema y la categoría o categorías de operaciones sobre personas para las cuales el solicitante ha declarado cumplimiento. La regla propuesta establece que una persona que presenta una declaración de cumplimiento para un VANT pequeño de Categoría 2 o Categoría 3 debe proporcionar instrucciones de operación de piloto remoto al vender o transferir la aeronave pequeña no tripulada, o el uso de la aeronave pequeña no tripulada por alguien que no sea esa persona. Las instrucciones deberán mantenerse actualizadas para tener en cuenta las modificaciones que el solicitante realice en el pequeño VANT mientras la declaración de cumplimiento siga siendo válida. Específicamente, la regla propuesta incluye el requisito de incluir todas las modificaciones que el solicitante haya determinado que cambia la capacidad del VANT pequeño para cumplir con los requisitos para la categoría de operación para la cual el solicitante declaró cumplimiento en las instrucciones de operación del piloto a distancia. Para una pequeña aeronave no tripulada que tiene modos o configuraciones variables, el solicitante proporcionaría instrucciones sobre cómo verificar el modo o la configuración en la que se encuentra el pequeño VANT y cómo cambiar entre modos o configuraciones.

Debe estar sujeto al proceso de notificación y soporte del producto

Se propondrá exigir a los solicitantes que certifiquen en la declaración de cumplimiento que existe un proceso para notificar al público y a la ANAC si el solicitante identifica un defecto o condición de seguridad con su pequeña aeronave no tripulada que haría que el pequeño VANT no sea elegible para operaciones sobre personas. La regla propuesta no sugiere que la ANAC rescindiría automáticamente una declaración de cumplimiento si ocurriera tal notificación. La regla propuesta establece que la ANAC evaluaría el informe y se comunicaría con un solicitante para determinar si sería apropiado tomar medidas correctivas o rescindir la aceptación de la declaración.

Informar problemas de seguridad ayudará a la ANAC tanto a descubrir los peligros del producto como a identificar los riesgos de lesiones que la ANAC podría abordar a través de la comunicación directa con los solicitantes, la publicación de Avisos de disponibilidad en el Boletín Oficial o la educación a los solicitantes y la presentación de informes será una fuente de información oportuna y eficaz porque los solicitantes a menudo se enteran de los problemas potenciales de seguridad del producto en una etapa temprana. Por esta razón, se propondrá exigir a los solicitantes que desarrollen un sistema para mantener y revisar la información sobre sus productos. Este sistema identificará cuando el producto de un solicitante pueda tener un defecto de seguridad que aumente la probabilidad de causar lesiones graves o la muerte durante las operaciones sobre personas.

Posteriormente al descubrimiento de incumplimiento por parte de un solicitante, la administración propondrá exigir al solicitante que presente una declaración de cumplimiento que notifique a la ANAC y al público de la existencia del defecto de seguridad. La notificación a la ANAC describirá la naturaleza del incumplimiento y cómo el solicitante planea abordarlo.

La notificación al público y a los propietarios de esa marca/modelo y serie, si corresponde, es un paso fundamental para garantizar la seguridad continua. Dicha notificación podría tomar la forma de un aviso en el sitio web del solicitante, una notificación electrónica a los propietarios que hayan registrado la pequeña aeronave no tripulada con el solicitante o una actualización del software utilizado para la pequeña aeronave no tripulada, que avise al piloto remoto del cambio en estado. Los solicitantes deben actuar con diligencia para garantizar que la audiencia destinataria reciba comunicaciones que involucren cualquier problema de seguridad potencial que haría que la aeronave no fuera elegible para operaciones sobre personas. En este sentido, la ANAC esperará que los solicitantes diseñen y utilicen un sistema que facilitará la comunicación entre los solicitantes y los propietarios de las pequeñas aeronaves no tripuladas y también podría informar al público en general.

Medios de cumplimiento

Medios de cumplimiento

La administración propondrá exigir a un solicitante que

produzca una pequeña aeronave no tripulada elegible para operaciones de Categoría 2 o Categoría 3 que declare el cumplimiento de los requisitos de seguridad para la categoría elegida utilizando un medio de cumplimiento aceptado por la ANAC. Demostrar el cumplimiento de los requisitos de seguridad incluye verificar que no haya defectos de seguridad. Según la regla propuesta, un organismo de estándares de consenso voluntario o un individuo podría desarrollar un medio aceptable de cumplimiento, el último de los cuales se refiere como un medio personalizado de cumplimiento. Una vez que la ANAC acepta un medio de cumplimiento, cualquier persona que presente una declaración de cumplimiento podría utilizarlo para establecer que su pequeña aeronave no tripulada cumple con los requisitos de la regla.

Presentación y aceptación de un medio de cumplimiento
Como se describió anteriormente, los solicitantes que presenten una declaración de cumplimiento para su aceptación deben utilizar un medio de cumplimiento aceptado por la ANAC para establecer el cumplimiento de los requisitos. Cualquier persona puede proponer un medio de cumplimiento. Una persona que presenta un medio de cumplimiento para la aceptación de la ANAC, debe proporcionar una descripción detallada de los medios de cumplimiento y explicar exactamente cómo la prueba, el análisis o la inspección establecen el pequeño

VANT cumple uno o más de los requisitos de seguridad. Al proponer los medios de cumplimiento para la aceptación de la ANAC, el solicitante debe incluir datos que lo respalden, incluidos estudios o informes de investigación, que respalden los medios de cumplimiento propuestos.

La ANAC indicará la aceptación de un medio de cumplimiento publicando un Aviso de disponibilidad en el Boletín Oficial identificando el medio de cumplimiento como aceptado e informando al solicitante de su aceptación. Si la ANAC no acepta un medio de cumplimiento, la ANAC notificará al solicitante la justificación de su decisión. La ANAC puede rescindir un medio de cumplimiento previamente aceptado al determinar que el medio de cumplimiento no cumple con los requisitos aplicables para operaciones sobre personas.

Al revisar un medio de cumplimiento, la ANAC utilizará un conjunto completo de criterios. La ANAC determinará si las pruebas, el análisis o la inspección descritos en los medios de cumplimiento demuestran que una pequeña aeronave no tripulada cumple con los requisitos reglamentarios correspondientes. Un medio de cumplimiento debe abordar los límites de gravedad de las lesiones, la prohibición de partes giratorias expuestas o una combinación de ambos, y la verificación de que no existen defectos de seguridad. La ANAC determinará si los medios propuestos de cumplimiento se alinean con los métodos aceptados utilizados por la industria médica, los grupos de seguridad del consumidor u otros métodos de prueba revisados por pares. Además, la ANAC considerará si los medios propuestos de cumplimiento se basan en una habilidad excepcional de piloto remoto o una carga de trabajo de piloto excesiva para satisfacer los requisitos.

Se proporcionará un medio de cumplimiento en el que un solicitante podría utilizar un procedimiento de prueba de caída para demostrar que la pequeña aeronave no tripulada cumple con los límites de gravedad de lesiones para la Categoría 2 o la Categoría 3. Este medio de cumplimiento proporcionado por la ANAC no considerará el efecto de estos aspectos sobre un impacto con una persona porque asume que la energía cinética total de la pequeña aeronave no tripulada sería transferida a la persona en el impacto.

En realidad, sin embargo, la pequeña aeronave no tripulada puede transferir mucha menos energía que este máximo supuesto. En este sentido, la administración reconoció que la configuración estructural, los materiales de construcción u otras características de diseño pueden funcionar para reducir la cantidad de energía cinética total que se transfiere a una persona desde una pequeña aeronave no tripulada durante un impacto. Por ejemplo, la presencia de materiales absorbentes de energía, o una jaula protectora absorbente de energía, puede reducir la transferencia de energía cinética durante un impacto con una persona. Un solicitante puede proporcionar datos que muestren la cantidad de energía cinética que se transfiere a una persona durante un impacto en función de las características de absorción de impactos de la pequeña aeronave no tripulada. Algunos solicitantes pueden buscar utilizar características de diseño como paracaídas u otros dispositivos desplegables que reducen la velocidad del impacto para establecer que una pequeña aeronave no tripulada impactaría a una persona con una cantidad reducida de energía cinética. Tales características de diseño requerirán la revisión de la ANAC para determinar si ayudan a lograr un medio aceptable de cumplimiento si el pequeño VANT depende del funcionamiento adecuado de estas características.

Cualquier persona puede proponer un nuevo medio de cumplimiento a la ANAC como forma de demostrar el cumplimiento de los requisitos.

La administración estará de acuerdo en que cualquier individuo que cree un medio de cumplimiento probablemente incurrirá en un costo mayor en comparación con el uso de los medios de cumplimiento proporcionados por la ANAC o un medio de cumplimiento existente aceptado por la ANAC. La ANAC fomentará el desarrollo y uso de procedimientos de prueba estandarizados de un organismo de estándares de consenso voluntario como un medio de cumplimiento. Sin embargo, los solicitantes no están obligados a utilizarlos.

Se declarará que un medio de cumplimiento presentado por un organismo de normas de consenso voluntario puede aceptarse más rápidamente que los presentados de forma independiente. La ANAC evaluará los medios de cumplimiento presentados por un organismo de estándares de consenso voluntario y por una parte independiente con el mismo nivel de rigor. La ANAC generalmente trabajará con organismos de estándares de consenso voluntarios en el desarrollo de estos estándares. Como resultado, cualquier medio de cumplimiento basado en estos estándares ya habrá pasado por un proceso de revisión integral durante el desarrollo.

Proceso de rescisión por medio de cumplimiento
Se propondrá que se podría rescindir un medio de cumplimiento si la ANAC determinara a partir del historial de servicio que los medios de cumplimiento no cumplían con los estándares aplicables para operaciones sobre personas. En esta regla final, la ANAC mantendrá el derecho de rescindir un medio de cumplimiento previamente aceptado y agregó texto reglamentario para mayor claridad.

Para garantizar la elegibilidad continua de las pequeñas aeronaves no tripuladas que operan sobre personas, la ANAC considerará necesario dejar en claro que el cumplimiento es un proceso continuo y que la ANAC mantiene la autoridad para evaluar continuamente que los medios de cumplimiento del solicitante proporcionan datos fácticos y correctos. La ANAC puede ejercer su autoridad para rescindir un medio de cumplimiento si la pequeña aeronave no tripulada no cumple con alguno o todos los requisitos como resultado de errores o deficiencias en la prueba, inspección o análisis. Como tal, esta regla final incluye una disposición reglamentaria para permitir que la ANAC rescinda los medios de cumplimiento.

Medios de cumplimiento proporcionados por la ANAC

Como se describió anteriormente, los medios de cumplimiento proporcionados por la ANAC incluyen un método de prueba e inspección en el que los solicitantes demuestran que su pequeña aeronave no tripulada no excederá las limitaciones de gravedad de las lesiones o la prohibición de partes giratorias expuestas. La ANAC preverá que los solicitantes se someterán a medios integrales de cumplimiento que incluyen materiales y diseños innovadores, a diferencia de los medios de cumplimiento proporcionados por la ANAC.

Medios de cumplimiento del límite de gravedad de lesiones proporcionados por la ANAC

Los medios de cumplimiento proporcionados por la ANAC para las limitaciones de gravedad de la lesión implican que el solicitante calcule la energía cinética máxima de la pequeña aeronave no tripulada. Este medio de cumplimiento no tiene en cuenta la dinámica del impacto u otros factores, sino que consiste en utilizar solo la fórmula que describe la ANAC para calcular la energía cinética máxima de la aeronave no tripulada pequeña. El uso de esta fórmula por sí sola establece que la aeronave pequeña no tripulada no excederá uno de los límites de gravedad de la lesión porque, como se describe anteriormente, 15 Julios (para operaciones de Categoría 2) y 34 Julios (para operaciones de Categoría 3) son valores de energía cinética que asumen un límite en la gravedad de la lesión.

La ANAC reconocerá las limitaciones asociadas con los medios de cumplimiento proporcionados por la ANAC para los límites de gravedad de las lesiones. La administración tendrá la intención de proporcionar un método de prueba que los solicitantes pudieran usar para demostrar el cumplimiento de las limitaciones de gravedad de la lesión, en el entendimiento de que la industria desarrollaría medios más flexibles de cumplimiento utilizando organizaciones de estándares de consenso. La ANAC esperará que estos estándares de la industria consideren que las aeronaves pequeñas no tripuladas a menudo tienen estructuras no rígidas, lo que puede reducir la energía cinética transferida a una persona en el impacto. La ANAC también esperará que los estándares de consenso de la industria aborden el uso de dispositivos desplegables, como paracaídas, para demostrar el cumplimiento de las limitaciones de gravedad de las lesiones. A diferencia de los medios de cumplimiento proporcionados por la ANAC, los que ofrece la industria podrían aprovechar modos y configuraciones variables. Los medios de cumplimiento proporcionados por la ANAC permitirán a los solicitantes tener un método para cumplir con las limitaciones de gravedad de la lesión antes de desarrollar cualquier otro medio de cumplimiento.

Los medios de cumplimiento proporcionados por la ANAC considerarán las fallas típicas y las condiciones ambientales durante las pruebas.

Medios de cumplimiento de piezas giratorias expuestas proporcionadas por la ANAC

La ANAC proporcionará un medio de cumplimiento para la prohibición de partes giratorias expuestas, lo que requeriría que un solicitante se asegure de que la pequeña aeronave no tripulada no tenga partes expuestas. Por ejemplo, si las hélices que proporcionan sustentación y empuje para la pequeña aeronave no tripulada son internas a la aeronave no tripulada, como en una configuración de ventilador con conductos, y no pueden hacer contacto con una persona como resultado de un impacto, entonces las piezas no estarían expuestas. Como resultado, la aeronave cumpliría con este requisito. Un solicitante debe inspeccionar la pequeña aeronave no tripulada para establecer que no tiene partes giratorias expuestas y determinar que ninguna de las partes giratorias quedaría expuesta durante un impacto con una persona.

Se señalará que una organización de consenso de la industria podría desarrollar un estándar para pequeñas aeronaves no tripuladas que tienen partes giratorias protegidas por características de seguridad. Si el solicitante prueba esas características de seguridad y establece que siguen siendo efectivas durante el impacto, esto podría demostrar que las partes giratorias expuestas no serían capaces de lacerar la piel humana. Sin embargo, si una pequeña aeronave no tripulada tiene partes giratorias que están expuestas sin ninguna característica de seguridad protectora, se propondrá permitir que los solicitantes u otros demuestren mediante pruebas, análisis o inspecciones que las partes giratorias no serían capaces de lacerar la piel humana en impacto con una persona.

Para satisfacer los requisitos de elegibilidad para las Categorías 2 y 3, una pequeña aeronave no tripulada debe cumplir con los requisitos basados en el desempeño para las partes giratorias expuestas siguiendo un medio de cumplimiento aceptado por la ANAC. Una pequeña aeronave no tripulada que no tiene partes giratorias cumpliría con los medios de cumplimiento proporcionados por la ANAC; la declaración de cumplimiento incluiría una indicación al respecto. Incluso si la pequeña aeronave no tripulada está diseñada para operar sin partes giratorias, el solicitante aún debe presentar una declaración de cumplimiento para demostrar que la pequeña aeronave no tripulada cumple con la prohibición de partes giratorias expuestas y la limitación de gravedad de las lesiones. Este medio de cumplimiento ahora estará disponible como un medio de cumplimiento aceptado por la ANAC con la finalización de esta regla.

Dispositivos desplegables y otros mecanismos de seguridad

En la regla propuesta, la administración declarará que los solicitantes pueden querer considerar el uso o prueba de características de diseño tales como paracaídas, sistemas de recuperación balística u otros dispositivos desplegables que crean resistencia para reducir la velocidad máxima de impacto. Si bien la ANAC no considerará el uso de un dispositivo desplegable en los medios de cumplimiento proporcionados por la ANAC, esta regla no prohíbe a nadie presentar un medio de cumplimiento que considere dispositivos desplegables. La ANAC evaluará dichas características de diseño para determinar si ayudan a lograr un medio aceptable de cumplimiento.

Según esta regla, los solicitantes pueden optar por demostrar el cumplimiento de los requisitos de seguridad apropiados de Categoría 2 o Categoría 3 utilizando diseños con características de seguridad tales como componentes frangibles, jaulas de hélice, protectores de hélice, paracaídas o acolchado. Para hacerlo, deben utilizar un medio de cumplimiento aceptado por la ANAC que incorpore esas características de seguridad como un medio para cumplir con las limitaciones de gravedad de las lesiones.

Si bien el uso de otros mecanismos de seguridad (por ejemplo, alertas visuales y audibles, sistemas para evitar colisiones, etc.) puede disminuir la probabilidad de un impacto con una persona, la ANAC no tendrá en cuenta estos dispositivos al considerar los medios de cumplimiento propuestos para la Categoría 2 o Categoría. 3 porque no abordan las limitaciones de la gravedad de las lesiones o la prohibición de piezas giratorias expuestas. La ANAC podrá considerar estos dispositivos como parte del proceso de Categoría 4 o en una solicitud de exención, particularmente para los solicitantes que consideren confiabilidad y probabilidad.

Declaración de conformidad

La auto certificación es el método apropiado para que los fabricantes declaren el cumplimiento de un estándar de desempeño. La auto certificación, combinada con la determinación de la administración de que los medios de cumplimiento que ha utilizado el fabricante son aceptables, garantizará que la pequeña aeronave no tripulada, cuando se opere sobre personas, proporcione al público un nivel adecuado de seguridad.

Personas que pueden presentar una declaración de cumplimiento

Se propondrá que cualquier persona o entidad que diseñe, produzca o modifique una pequeña aeronave no tripulada para su uso en operaciones de Categoría 2 o Categoría 3 debe presentar una declaración de cumplimiento a la ANAC para su aceptación. Se caracterizará a cualquier persona que diseñe, produzca o modifique una pequeña aeronave no tripulada para tales operaciones como "fabricante" a los efectos de esta regla.

La persona que presenta la declaración de cumplimiento debe

poder demostrar que ha utilizado un medio de cumplimiento aceptado por la ANAC para cumplir con el estándar. Aunque la ANAC no espera que la reventa de aeronaves pequeñas no tripuladas por terceros que no sean fabricantes sea una ocurrencia típica, si el solicitante que desea que la aeronave pequeña no tripulada sea elegible para operaciones bajo la Categoría 2 o Categoría 3 puede presentar una declaración de cumplimiento de todos los elementos requeridos, la ANAC aceptaría esa declaración, aunque esa persona no haya diseñado, producido o modificado la pequeña aeronave no tripulada.

Para reducir la confusión, la regla final aclara que la parte responsable es el solicitante.

Para ser elegible para operar de acuerdo con la Categoría 2 o la Categoría 3, la aeronave pequeña no tripulada debe estar incluida en una declaración de cumplimiento aceptada por la ANAC. La ANAC no restringirá quién puede presentar una declaración de cumplimiento y anticipa que las entidades que producen y venden una pequeña aeronave no tripulada completa y operable presentarán la mayor cantidad de declaraciones de cumplimiento. Otras personas que pueden presentar una declaración de cumplimiento incluyen diseñadores o productores de kits que contienen todos los componentes y partes a partir de los cuales construir una pequeña aeronave no tripulada operable elegible para operaciones de Categoría 2 o Categoría 3. Una pequeña aeronave no tripulada que figura en una declaración de cumplimiento aceptada por la ANAC podría venderse como un kit. La persona que ensambla dicho kit de acuerdo con las instrucciones proporcionadas no está obligada a presentar una declaración de cumplimiento; sin embargo, para que la pequeña aeronave no tripulada ensamblada a partir de ese kit sea elegible para operaciones de Categoría 2 o Categoría 3, el productor del kit debe haber presentado una declaración de cumplimiento y recibido de la ANAC la aceptación de la declaración.

Cualquier persona que construya una pequeña aeronave no tripulada a partir de piezas que no estén en un kit completo o que modifique una pequeña aeronave no tripulada para que cumpla con la Categoría 2 o la Categoría 3 debe presentar una declaración de cumplimiento y recibir la aceptación de la ANAC antes de que la pequeña aeronave no tripulada sea elegible para operaciones bajo la categoría aplicable. Por ejemplo, una persona que modifica una pequeña aeronave no tripulada que fue originalmente producida antes de la fecha de vigencia de esta regla para que la pequeña aeronave no tripulada sea elegible para realizar operaciones de Categoría 2 o Categoría 3 debe presentar una declaración de cumplimiento.

Una pequeña aeronave no tripulada no está cubierta por una declaración de cumplimiento si ha sido

modificado fuera de las configuraciones y modificaciones permitidas en las instrucciones de funcionamiento del piloto remoto para ese pequeño VANT. Por ejemplo, la persona que presentó la declaración de cumplimiento para la operación de Categoría 2 no sería responsable de la nueva configuración de la pequeña aeronave no tripulada después de la modificación. La persona que modificó la aeronave no tripulada sería responsable de presentar una nueva declaración de cumplimiento describiendo la nueva configuración y recibir la aceptación de la misma para establecer la elegibilidad para la categoría apropiada antes de que la pequeña aeronave no tripulada pueda operar sobre personas.

Presentación de declaración de cumplimiento para la aceptación de la ANAC

Para que una pequeña aeronave no tripulada sea elegible para realizar operaciones sobre personas de acuerdo con la Categoría 2 o la Categoría 3, la administración propondrá exigir al solicitante que declare que la pequeña aeronave no tripulada cumple con los requisitos aplicables basados en el desempeño mediante el uso de una ANAC. medios aceptados de cumplimiento. El solicitante haría esto mediante la presentación de una declaración de cumplimiento a través de un formulario electrónico disponible en el sitio web de la ANAC.

Al presentar una declaración de cumplimiento, un solicitante declararía que:

(1) estableció y mantuvo un proceso para notificar a los propietarios de aeronaves pequeñas no tripuladas y a la ANAC sobre cualquier condición insegura que haga que esas pequeñas aeronaves no tripuladas no cumplan con los requisitos establecidos; (2) corregiría cualquier defecto de seguridad identificado por la ANAC; y (3) permitiría a la administración inspeccionar sus instalaciones, datos técnicos y cualquier aeronave pequeña no tripulada fabricada y presenciar las pruebas necesarias para determinar el cumplimiento de estos requisitos.

Sin embargo, la existencia de una declaración de cumplimiento no libera automáticamente al solicitante o al piloto remoto de cualquier responsabilidad potencial. Por ejemplo, si un piloto remoto operara la pequeña aeronave no tripulada sobre personas en una configuración no especificada en las instrucciones de operación del piloto remoto, en una condición insegura o de manera descuidada o imprudente, una declaración válida de cumplimiento no libera al piloto a distancia de la responsabilidad.

Las operaciones de aeronaves pequeñas no tripuladas de Categoría 1, Categoría 2 o Categoría 3 deben cumplir con los requisitos de elegibilidad aplicables basados en el desempeño, independientemente de cualquier modificación. La ANAC permitirá a los solicitantes identificar modificaciones aceptables, incluidas cargas útiles y configuraciones, en las instrucciones de operación del piloto remoto como parte de su declaración de cumplimiento. Debido a que la lesión causada por un impacto de la pequeña aeronave no tripulada podría ser diferente para cada modificación que cambie la configuración o propiedades de la pequeña aeronave no tripulada, deben cumplir con el estándar aplicable a través de un medio de cumplimiento aceptado por la ANAC. Esta regla permite dicha evaluación mediante prueba, análisis o inspección. Por ejemplo, es posible que un solicitante no tenga que realizar evaluaciones separadas para dos marcas diferentes de hélices si tienen el mismo diámetro, paso, peso y material. Si, a través del análisis, un solicitante demuestra que las hélices se comportarán de la misma manera, solo tendría que realizar la prueba de impacto con una marca de hélice, pero podría enumerar ambas marcas de hélices como equipo aprobado en las instrucciones de funcionamiento del piloto remoto.

Contenido de la Declaración de cumplimiento
Se propondrá que un solicitante que pretenda incluir una pequeña aeronave no tripulada como elegible para operaciones sobre personas de acuerdo con la Categoría 2 o la Categoría 3 presente una declaración de cumplimiento a la ANAC. Una plantilla para la declaración de cumplimiento estará disponible en formato electrónico en el sitio web de la ANAC. Una declaración de cumplimiento completa incluirá la información que la administración requeriría tanto para determinar que una pequeña aeronave no tripulada cumple con el requisito aplicable como para rastrear aquellos modelos de pequeña aeronave no tripulada que fueron declarados en conformidad. Los solicitantes declararán que han cumplido con los requisitos de la regla a través de un medio de cumplimiento aceptado por la ANAC e incluirán la siguiente información:

- Se utilizan medios de cumplimiento aceptados por la ANAC.
- Nombre del solicitante.
- Dirección física del solicitante.
- Dirección de correo electrónico del solicitante.
- Marca, modelo y serie de aeronaves no tripuladas pequeñas, si corresponde.
- Número de serie o rango de números de serie para la pequeña aeronave no tripulada.
- Si la declaración de cumplimiento fue una declaración de cumplimiento inicial o enmendada y, en caso de enmienda, el motivo de la nueva presentación.

- Declaración de que el solicitante:
- Ha demostrado que la pequeña aeronave no tripulada cumple con la lesión. limitaciones de gravedad de Categoría 2, Categoría 3, o ambas, y la prohibición de partes giratorias expuestas;
- Ha demostrado que la pequeña aeronave no tripulada no tiene defectos de seguridad;
- Ha satisfecho el requisito de mantener un producto de soporte y proceso de notificación; y
- Permitirá, previa solicitud, que la administración inspeccione sus instalaciones y sus datos técnicos.
- Cualquier otra información que requiera la administración.

Si un solicitante modifica una declaración de cumplimiento aceptada por la ANAC, el solicitante debe incluir el motivo de la enmienda. Por ejemplo, la enmienda podría ser para identificar un medio diferente de cumplimiento, actualizar una dirección o corregir un error ortográfico.

La información contenida en las declaraciones de cumplimiento estará disponible públicamente. Al publicar las declaraciones o hacer que la información en las declaraciones esté disponible públicamente, la ANAC y el público podrán determinar qué marca, modelo y serie, si corresponde, de aeronaves pequeñas no tripuladas son elegibles para realizar operaciones sobre personas de conformidad con las Categorías 2 y 3.

Responsabilidad de las personas que presentan declaraciones de cumplimiento

Después de que un solicitante declara que una aeronave pequeña no tripulada específica cumple con los requisitos de una categoría particular, la administración propondrá exigir al solicitante que controle la aeronave pequeña no tripulada para asegurarse de que cumple con los requisitos aplicables. Específicamente, un solicitante debe monitorear la validez de los medios de cumplimiento usados y verificar que no exceda las limitaciones de gravedad de la lesión y cumpla con la prohibición de partes giratorias expuestas. El solicitante rastrearía la construcción, el análisis de seguridad relacionado y el historial de servicio para asegurarse de que no revelen condiciones peligrosas o defectos de seguridad que puedan aumentar el riesgo de que una pequeña aeronave no tripulada opere sobre las personas. Además, el solicitante debe seguir asegurándose de que las instrucciones de funcionamiento del piloto a distancia satisfagan los requisitos reglamentarios. Para cumplir con estas obligaciones, es posible que un solicitante deba monitorear sus procesos de fabricación, el uso operativo de aeronaves pequeñas no tripuladas y la recopilación de datos de accidentes e incidentes. El monitoreo también podría incluir información proporcionada por los propietarios y operadores de las pequeñas aeronaves no tripuladas. Si la ANAC identifica un problema de seguridad que justifica la revisión de los datos, registros o instalaciones de un solicitante, esta regla requiere que los solicitantes otorguen acceso para facilitar dicha revisión.

Además, la administración propondrá exigir a los solicitantes que presenten un registro real que declare el cumplimiento. En este sentido, la falsificación de cualquier parte de cualquier registro que tenga la intención de constituir una prueba del cumplimiento de los requisitos aplicables podría someter a la persona que presentó el registro a una sanción civil y sería una base para rescindir una declaración de cumplimiento.

Declaración de cumplimiento para varias aeronaves pequeñas no tripuladas con la misma marca y modelo
La administración reconocerá que los solicitantes que producen la misma marca y modelo de VANT pequeños a gran escala pueden no desear realizar pruebas de unidades individuales para demostrar que cada aeronave pequeña no tripulada cumple con los requisitos aplicables. La administración aclarará que el texto de la regla propuesta permitiría a los solicitantes declarar cumplimiento para una marca y modelo de aeronaves pequeñas no tripuladas, en lugar de declarar cumplimiento para

cada aeronave pequeña no tripulada que un solicitante diseñe, produzca o modifique. Se declarará que el solicitante podría establecer y mantener un sistema de calidad de producción y un sistema de control de configuración de diseño para proporcionar una repetibilidad constante, para confirmar que cada pequeña aeronave no tripulada cumple con el estándar aplicable para el cual el solicitante declaró cumplimiento. Como resultado, un solicitante podría evitar probar todas las aeronaves que construye. El uso de un sistema de garantía de calidad podría confirmar que cada aeronave fabricada posteriormente cumpliría con los requisitos basados en el rendimiento de esta regla.

Declaración de cumplimiento para una pequeña aeronave no tripulada que es elegible para múltiples categorías de operaciones

Si un solicitante realiza pruebas o participa en análisis o inspección para determinar que una pequeña aeronave no tripulada podría cumplir con los requisitos para operaciones en las Categorías 2 y 3 en los modos o configuraciones apropiados, se propondrá requerir que el solicitante presente solo una declaración de cumplimiento. En esa declaración de cumplimiento, el solicitante identificaría las categorías de operación para las que determinó que la aeronave pequeña no tripulada cumplía y los medios de cumplimiento utilizados para cada categoría.

Aceptación de la ANAC de una declaración de cumplimiento

Se propondrá exigir a un solicitante que proporcione información sobre su declaración de cumplimiento con respecto a si ha utilizado un medio de cumplimiento aceptado por la ANAC o un medio de cumplimiento que la ANAC aún no ha aceptado. Si un solicitante utiliza un medio de cumplimiento que la ANAC aún no ha aceptado, la ANAC debe revisar y aceptar los medios de cumplimiento antes de que la ANAC pueda aceptar la declaración de cumplimiento. La ANAC notificará al solicitante su decisión con respecto a la aceptación de los medios de cumplimiento y declaración de cumplimiento. Una vez que la ANAC acepta una declaración de cumplimiento, la ANAC hará que la declaración de cumplimiento, o la información de la declaración, esté disponible públicamente.

La ANAC usará su discreción para revisar y validar que el solicitante cumpla con los requisitos de los medios de cumplimiento aceptados por la ANAC a través de datos de prueba, validación de terceros o similares, antes de tomar una decisión sobre la declaración de cumplimiento. Debido a que los medios de cumplimiento variarán en complejidad, la ANAC no puede proporcionar estimaciones sobre el tiempo necesario para considerar las declaraciones. La ANAC puede solicitar información adicional al solicitante para determinar si la pequeña aeronave no tripulada enumerada en la declaración de cumplimiento cumple con los medios de cumplimiento aceptados por la ANAC enumerados. La ANAC responderá a las presentaciones de declaración de cumplimiento una vez que complete su revisión.

La regla propuesta proporciona un marco suficiente para el enfoque de la administración para supervisar el cumplimiento de las normas propuestas.

Presentar una nueva declaración de cumplimiento para una pequeña aeronave no tripulada modificada
La administración propondrá exigir que cualquier persona que modifique una pequeña aeronave no tripulada de una manera que pueda afectar la elegibilidad de la pequeña aeronave no tripulada para operar sobre personas de Categoría 2 o Categoría 3 presente una nueva declaración de cumplimiento y reciba la aceptación de la ANAC antes de operar la pequeña aeronave no tripulada sobre personas. Si un individuo modifica la pequeña aeronave no tripulada de una manera que el solicitante original identifica en las instrucciones de operación del piloto remoto

como un cambio permitido, el individuo no necesitará presentar una nueva declaración de cumplimiento. Cuando una persona presenta una declaración de cumplimiento para una pequeña aeronave no tripulada que previamente no era elegible para operaciones sobre personas, la ANAC verificaría que la pequeña aeronave no tripulada cumple con el estándar aplicable.

Notificación de un problema de seguridad

Se deberá declarar que la ANAC notificaría a un solicitante que presentó una declaración de cumplimiento si determina que la pequeña aeronave no tripulada no cumple con los límites de gravedad de las lesiones o la prohibición de partes giratorias expuestas o porque la pequeña aeronave no tripulada tiene un defecto de seguridad potencial. La ANAC identificaría tales problemas de seguridad a través de una variedad de medios. La ANAC puede recibir quejas de consumidores, boletines de seguridad de la industria o una notificación individual del solicitante de que ha surgido un problema de seguridad. Los solicitantes tendrían la oportunidad de discutir posibles problemas de seguridad con la ANAC. Como resultado de dicha discusión, la ANAC puede determinar que un problema de seguridad no existe realmente, que el solicitante ha incorporado una mitigación adecuada para abordar y corregir el problema de seguridad, o que todavía existe un problema de seguridad.

Para corregir un problema de seguridad, un solicitante podría desarrollar una corrección y probar la aeronave para asegurarse de que la aeronave ya no tenga un problema de seguridad. El solicitante debe corregir cualquier problema de seguridad que identifique después de fabricar la pequeña aeronave no tripulada de manera continua para garantizar la elegibilidad continua para operaciones de Categoría 2 o Categoría 3.

Aviso de rescisión de una declaración de cumplimiento

Se propone rescindir una declaración de cumplimiento si la ANAC se entera de que una pequeña aeronave no tripulada para la cual un solicitante ha declarado cumplimiento ya no está calificada para operaciones sobre personas. La ANAC propondrá nuevas reglas de procedimiento para regir cualquier acción para rescindir una declaración de cumplimiento.

La regla propuesta establece que la ANAC puede rescindir una declaración de cumplimiento si existe alguna de las siguientes condiciones: (i) una pequeña aeronave no tripulada para la cual se aceptó una declaración de cumplimiento ya no cumple con los requisitos de seguridad aplicables; (ii) la ANAC determina que una declaración de cumplimiento viola otras normas del espacio aéreo; o (iii) la administración determina que existe una emergencia de seguridad.

La regla propuesta establece un procedimiento para la rescisión que comienza cuando la ANAC envía al solicitante un aviso de la rescisión propuesta. El aviso establecería la base de la administración para la rescisión propuesta y le daría al solicitante 10 días hábiles para presentar información probatoria para refutar el aviso de rescisión propuesto.

La rescisión de una declaración de cumplimiento no dejaría inoperable una pequeña aeronave no tripulada, sino que dejaría de ser elegible para operaciones sobre personas en la Categoría 2 o Categoría 3. La pequeña aeronave no tripulada podría reanudar las operaciones sobre las personas solo después de que la ANAC restablece la aceptación de la declaración de cumplimiento o acepta una nueva declaración que se aplica a la pequeña aeronave no tripulada. Tanto el solicitante original como uno posterior podría presentar una nueva declaración de cumplimiento.

Además de publicar cualquier rescisión final de una declaración de cumplimiento en el sitio web de la ANAC, la administración declarará que la ANAC publicaría la notificación de cualquier defecto de seguridad aplicable en el Boletín Oficial como Aviso de Disponibilidad. Dicho aviso informará a los pilotos remotos que la aeronave identificada ya no es elegible para realizar operaciones sobre personas y notificará a los solicitantes que no incorporen el material, componente o característica defectuosa en los próximos diseños sin las mitigaciones adecuadas. Al rescindir una declaración de cumplimiento, la ANAC publicaría las marcas y modelos de pequeñas aeronaves no tripuladas que ya no son elegibles para operar sobre personas. A los pilotos remotos se les prohibiría usar esas aeronaves para operar sobre personas hasta que se resuelva el problema. Al corregir un defecto de seguridad, el solicitante presentaría una nueva declaración de cumplimiento a la ANAC identificando los medios de cumplimiento que el solicitante utilizó para corregir el defecto de seguridad.

Se propone permitir al propietario o piloto remoto de una pequeña aeronave no tripulada corregir un defecto de seguridad asociado con su aeronave. Cualquier persona que elija esta opción debe presentar una declaración de cumplimiento a la ANAC identificando los medios de cumplimiento utilizados para corregir el defecto de seguridad. Modificando la pequeña aeronave no tripulada de modo que una vez más, si cumple con los requisitos aplicables, esa persona se convertiría en la persona responsable que figura en la declaración de cumplimiento para su pequeña aeronave no tripulada específica.

Rescisión de emergencia de una declaración de cumplimiento

Se propone un proceso de rescisión de emergencia para una declaración de cumplimiento. Antes de la rescisión de una declaración de cumplimiento, la ANAC normalmente iniciaría el proceso de notificación de problemas de seguridad con el solicitante. Sin embargo, si la administración determina que existe una emergencia y la seguridad de las personas requiere una rescisión inmediata de una declaración de cumplimiento, la ANAC puede ejercer su autoridad para emitir una orden de emergencia que anule una declaración de cumplimiento. Bajo estas circunstancias, la rescisión entraría en vigencia inmediatamente, sin que la ANAC inicie el proceso de notificación o los procedimientos de rescisión descritos anteriormente. La orden permanecería en vigor hasta que la base para emitir la orden ya no exista. La orden de emergencia se consideraría una decisión final de la administración; como tal, un solicitante puede apelar la decisión tras la emisión de la orden.

Petición de reconsideración de la rescisión de una declaración de cumplimiento
Una vez que se rescinde una declaración de cumplimiento, la ANAC propondrá que un solicitante tuviera la oportunidad de solicitar la reconsideración de la ANAC. Un solicitante que busca una reconsideración debe presentar una petición a la ANAC dentro de los 60 días posteriores a la fecha de emisión del aviso de rescisión. La petición tendría que mostrar: (1) la falta de un hecho material en la respuesta original a la notificación del problema de seguridad y abordar por qué ese hecho no estaba presente en la respuesta original; (2) existió un importante error fáctico en la decisión de rescindir la declaración de cumplimiento; o (3) que la ANAC no interpretó correctamente una ley, reglamento o precedente. La ANAC consideraría esta petición y emitiría una decisión final de la administración afirmando o retirando la rescisión de la declaración de cumplimiento. Un solicitante puede apelar la decisión final de la administración.

Aeronaves pequeñas no tripuladas fabricadas antes de la fecha de vigencia de esta regla

Algunos pilotos remotos y fabricantes de pequeñas aeronaves no tripuladas pueden desear utilizar pequeñas aeronaves no tripulados existentes para realizar operaciones sobre personas. La administración no buscará impedir que las pequeñas aeronaves no tripuladas existentes realicen operaciones sobre personas. En cambio, la regla propuesta incluirá procedimientos para establecer la elegibilidad de aeronaves pequeñas no tripuladas existentes para operar sobre personas. Un solicitante con una pequeña aeronave no tripulada fabricada previamente puede establecer la elegibilidad para operar sobre personas enumerando los números de serie de aeronave correspondientes para la pequeña aeronave no tripulada identificada en la declaración de cumplimiento presentada a la ANAC. Un solicitante que solicite la aceptación sería responsable de desarrollar instrucciones de operación de piloto remoto para la aeronave existente y poner esas instrucciones a disposición de los pilotos remotos o propietarios de pequeños VANT.

No se propone exigir que un solicitante localice a los propietarios o pilotos remotos que operan aeronaves pequeñas no tripuladas existentes y les proporcione las instrucciones de operación del piloto remoto personalmente. Por el contrario, si un piloto a distancia posee una aeronave existente que un solicitante ha identificado en una declaración de cumplimiento como elegible para operaciones de Categoría 2 o Categoría 3 y el piloto a distancia tiene la intención de realizar operaciones sobre personas que utilizan esa aeronave, el piloto a distancia podría acceder a las instrucciones de funcionamiento del piloto remoto si el solicitante las publicó en línea.

La regla propuesta no identifica a un solicitante que busca la aceptación de la ANAC de una declaración de cumplimiento como la única persona que puede etiquetar una pequeña aeronave no tripulada fabricada antes de la fecha de vigencia de la regla. Requerir que un solicitante se comunique con todos los pilotos remotos de una marca y modelo de aeronaves pequeñas no tripuladas y proporcionarles etiquetas no sería razonable. Se señalará que un solicitante podría poner una etiqueta a disposición de los pilotos remotos, ya sea como descarga del sitio web o por un costo. En general, los pilotos remotos pueden optar por etiquetar su aeronave existente de cualquier manera que cumpla con los requisitos de la regla propuesta.

Los diseños de VANT pequeños que actualmente pueden operar bajo las disposiciones del CE-VANT continuarán operando de acuerdo con el mismo después de que esta regla entre en vigencia. Sin embargo, cuando el piloto remoto desea realizar operaciones sobre personas, esa persona debe asegurarse de que su pequeña aeronave no tripulada existente sea elegible para la operación, para operaciones en acuerdo con la Categoría 2 o Categoría 3, esto implica verificar que la ANAC haya aceptado una declaración de cumplimiento con respecto a la pequeña aeronave no tripulada. Para la Categoría 1, el piloto remoto debe verificar que la aeronave cumpla con los estándares de peso y partes giratorias expuestas. Cualquiera que tenga una pequeña aeronave no tripulada fabricada previamente puede seguir un medio de cumplimiento existente aceptado por la ANAC y presentar y solicitar la aceptación de una declaración de cumplimiento que verifique que la aeronave es elegible para operar sobre personas.

Requisitos operativos del piloto remoto

Se propondrá aplicar varias limitaciones y requisitos operativos para operaciones en las Categorías 2 y 3. Varios de los requisitos operativos se aplican a las Categorías 2 y 3, mientras que las operaciones de la Categoría 3 también están sujetas a limitaciones y requisitos operativos adicionales. Esta regla adopta los requisitos propuestos y aclara que el piloto remoto debe verificar que la declaración de cumplimiento asociada con la aeronave pequeña no tripulada sea válida. Es responsabilidad del piloto remoto asegurarse de que la pequeña aeronave no tripulada sea elegible para la operación prevista, que el piloto remoto puede determinar consultando el sitio web de la ANAC.

Para realizar operaciones sobre personas de Categoría 2 o Categoría 3, los pilotos remotos deben asegurarse de que su pequeña aeronave no tripulada sea elegible para la categoría o categorías de operaciones aplicables. El piloto remoto debe asegurarse de que la pequeña aeronave no tripulada cumpla con los límites de gravedad de las lesiones, la prohibición de piezas giratorias expuestas y la prohibición de defectos de seguridad. La ANAC no esperará ni requerirá que los pilotos remotos inspeccionen los medios de cumplimiento o verifiquen el soporte del producto y el sistema de notificación. Sin embargo, el piloto a distancia tiene el requisito de verificar que el pequeño

VANT esté en condiciones de operación segura. La forma más eficaz para que un piloto remoto verifique que la pequeña aeronave no tripulada cumple con los requisitos de seguridad es asegurarse de que figura en una declaración de cumplimiento aceptada por la ANAC.

Los pilotos remotos también deben asegurarse de que su pequeña aeronave no tripulada esté etiquetada para indicar la categoría de elegibilidad. Si una etiqueta se degrada de tal manera que ya no es legible o está adherida a la aeronave, el piloto remoto debe asegurarse de que la pequeña aeronave no tripulada se vuelva a etiquetar en inglés de manera que la etiqueta sea legible, prominente y permanecerá en la pequeña aeronave no tripulada durante el tiempo de la operación antes de operar la aeronave sobre personas. El solicitante debe cumplir con los requisitos de elegibilidad para la pequeña aeronave no tripulada si desea obtener la aceptación de la ANAC de una declaración de cumplimiento para operar sobre personas. Además, si el piloto remoto desea utilizar una pequeña aeronave no tripulada que figura en una declaración de cumplimiento aceptada por la ANAC, pero que no posee una etiqueta porque la pequeña aeronave no tripulada se fabricó antes de la fecha de vigencia de esta regla, el piloto remoto debe asegurarse de que la aeronave pequeña no tripulada esté etiquetada de acuerdo con los términos de la declaración de cumplimiento antes de utilizar la aeronave para operaciones de Categoría 2 o Categoría 3.

La regla propuesta no restringe las áreas en las que pueden ocurrir operaciones bajo Categoría 1 o Categoría 2 porque estas categorías presentan un riesgo menor de causar lesiones graves. Sin embargo, la regla propuesta restringió las áreas en las que pueden ocurrir operaciones de Categoría 3, debido al aumento de los límites de gravedad de lesiones de Categoría 3. Específicamente, la ANAC propondrá prohibir las operaciones de Categoría 3 sobre asambleas de seres humanos al aire libre. La ANAC también deberá proponer limitar las operaciones de Categoría 3 de la siguiente manera: la operación se realiza dentro o sobre sitios cerrados o de acceso restringido después de que cualquier persona dentro de ese sitio tenga conocimiento de que una pequeña aeronave no tripulada puede sobrevolarlos; o, si no está en un sitio cerrado o de acceso restringido, la pequeña aeronave no tripulada no vuela sobre una persona que no participa directamente en la operación, ubicada debajo de una estructura cubierta o dentro de un vehículo estacionario. Además, los pilotos remotos tienen prohibido operar una pequeña aeronave no tripulada como una operación de Categoría 1, 2 o 4 en vuelo sostenido sobre conjuntos al aire libre a menos que la operación cumpla con los requisitos (requisitos operativos y de difusión de identificación remota para aeronaves no tripuladas de identificación remota estándar o aeronaves no tripuladas con módulos de difusión de identificación remota). El vuelo sostenido sobre un conjunto al aire libre incluye flotar sobre las cabezas de las personas reunidas en un conjunto al aire libre, volar de un lado a otro sobre un conjunto al aire libre o dar vueltas sobre el conjunto de tal manera que la pequeña aeronave no tripulada permanezca por encima alguna parte de la multitud.

Sin embargo, las condiciones de cualquier exención emitida pueden requerir que el operador notifique a las autoridades locales antes de la operación. Todas las operaciones de aeronaves pequeñas no tripuladas están sujetas a requisitos de identificación remota en la fecha de cumplimiento aplicable, como se especifica en la regla final de identificación remota para aeronaves no tripuladas.

1. Operaciones sobre asambleas de seres humanos al aire libre
   La ANAC deberá considerar que algunos ejemplos potenciales de asambleas al aire libre pueden incluir eventos deportivos, conciertos, desfiles, protestas, mítines políticos, festivales comunitarios o parques y playas durante ciertos eventos. Algunos ejemplos potenciales que es menos probable que se consideren reuniones al aire libre incluyen personas o familias que salen de un centro

comercial, atletas que participan en deportes amistosos en un área abierta sin espectadores, individuos o grupos pequeños que se relajan en un parque o en una playa, o personas que caminan o andan en bicicleta por un carril bici, pero si existe una asamblea al aire libre depende de una determinación caso por caso basada en los hechos y circunstancias de cada caso. El piloto remoto debe evaluar si el área operativa se consideraría una asamblea al aire libre antes de realizar las operaciones de vuelo. Las interpretaciones y opiniones legales con respecto a las asambleas al aire libre se podrán encontrar en la página web de la ANAC. La ANAC continuará brindando oportunidades de educación y alcance a los pilotos remotos sobre la realización de operaciones seguras. Se podrán encontrar recursos adicionales para operadores en el sitio web de la ANAC.

La ANAC mantendrá su prohibición sobre las operaciones de aeronaves pequeñas no tripuladas de Categoría 3 sobre grupos de personas al aire libre, ya que la limitación será un medio para que la ANAC mantenga un nivel apropiado de seguridad para tales operaciones. Esta prohibición está sujeta a renuncia. Un solicitante que proponga medidas de mitigación de riesgos que logren un nivel aceptable de seguridad cuando opere sobre conjuntos al aire libre puede calificar y recibir una exención. Alternativamente, una persona que elija demostrar la confiabilidad de su pequeña aeronave no tripulada puede optar por obtener un certificado de aeronavegabilidad y ser elegible para operaciones de Categoría 4.

La ANAC desarrollará las limitaciones para las operaciones de Categoría 3 como una forma de mitigar el nivel de riesgo asociado con el aumento de las limitaciones de gravedad de las lesiones. La ANAC no considerará necesario aplicar las limitaciones a las operaciones en las Categorías 1 y 2, ya que esas categorías son lo suficientemente seguras para operar sobre conjuntos al aire libre sin notificación previa a las personas que no participan directamente en la operación. Los pilotos remotos tienen prohibido operar una pequeña aeronave no tripulada como una operación de Categoría 1, 2 o 4 en vuelo sostenido sobre conjuntos al aire libre a menos que la operación cumpla con los requisitos (requisitos operativos y de difusión de identificación remota para aeronaves no tripuladas de identificación remota estándar o aeronaves no tripuladas con módulos de difusión de identificación remota)

La ANAC puede renunciar al cumplimiento de esta disposición según corresponda. De manera similar, la ANAC no emitirá permisos para operaciones específicas, como pequeñas aeronaves no tripuladas operadas por la prensa, porque las obligaciones legales de la ANAC con respecto a la seguridad de la aviación no requieren diferenciar entre los propósitos de las operaciones que pueden ocurrir bajo el CE-VANT.

La administración no propondrá requisitos de capacitación o pruebas para las personas que operan una pequeña aeronave no tripulada elegible para operar en la Categoría 2 o en la Categoría 3. Con respecto a las operaciones de la Categoría 3, Se solicitarán respuestas a varias preguntas relacionadas con si la administración debería requerir capacitación de pilotos. y requisitos de prueba antes de permitir operaciones de Categoría 3 sobre conjuntos al aire libre. Específicamente, la ANAC solicitará comentarios sobre las siguientes preguntas:

- Para realizar operaciones sobre aglomeraciones de gente al aire libre utilizando una pequeña aeronave no tripulada que puede transferir hasta 35 Julios de energía cinética a una persona en el impacto, ¿El piloto al mando a distancia debe tener habilidades, experiencia o conocimientos adicionales más allá de las que el CE-

VANT requiere actualmente?
- Si es así, ¿qué tipo de habilidad, experiencia o conocimiento debería requerirse (por ejemplo, tiempo mínimo de operación del pequeño VANT que se utilizará, número mínimo de despegues y aterrizajes, etc.)?
- ¿Cómo debería documentarse esa habilidad, experiencia o vigencia?

Esta regla no requiere capacitación, habilidades, experiencia ni conocimientos adicionales para las operaciones de Categoría 3. Si bien la experiencia del piloto puede ser relevante para determinar si una operación en cualquiera de las categorías cumple con el nivel de seguridad requerido para las operaciones sobre personas, la ANAC carece de información y datos suficientes para evaluar si cualquier entrenamiento o tiempo dedicado a pilotar una aeronave en particular sería apropiado para garantizar la seguridad.

2. Operaciones dentro o sobre un sitio de acceso cerrado o restringido

La ANAC deberá proponer permitir operaciones de Categoría 3 en sitios de acceso cerrado o restringido en los que el acceso al sitio está restringido y cuando las personas a las que se les permite el acceso a los sitios son informadas de la ocurrencia de la operación. La ANAC anticipará que un sitio de acceso cerrado o restringido podría ser un área que contenga barreras físicas, personal o ambos, según corresponda, para garantizar que no se produzca un acceso inadvertido o no autorizado. Por ejemplo, un operador debe asegurarse de que el acceso esté restringido a través de avisos y letreros públicos, banderas y barricadas, erigiendo cercas temporales o colocando personal en los puntos de entrada, según corresponda. Además, emitiendo el aviso de que una pequeña aeronave no tripulada puede operar sobre personas dentro del sitio mejorará el conocimiento de la situación de las personas dentro de él. El aviso puede ser escrito y publicado en el punto de entrada del área restringida o estar en una carta o contrato antes de la operación. En algunos casos, podría ser apropiado recibir un aviso verbal además del aviso por escrito. Los operadores pueden querer considerar si proporcionar una notificación por escrito podría ser útil para satisfacer sus propias necesidades probatorias. De acuerdo con esta limitación, los pilotos remotos deben asegurarse de que no se produzca ningún acceso inadvertido o no autorizado al sitio. La ANAC esperará que la garantía adecuada podría incluir recibir asistencia del personal o colocar barreras físicas como barricadas y cercas o personal de monitoreo para garantizar que no ocurra el acceso inadvertido o no autorizado a un sitio de acceso restringido o cerrado. Los límites geográficos, como ríos, canales, acantilados y áreas densamente boscosas también pueden servir como barreras efectivas para restringir el acceso. En algunas circunstancias, es posible que una pequeña aeronave no tripulada despegue y aterrice dentro de un sitio de acceso restringido o cerrado. Por lo tanto, las limitaciones propuestas para las operaciones de Categoría 3 permitirían que los despegues y aterrizajes ocurran fuera del sitio. En tales circunstancias, las pequeñas aeronaves no tripuladas podrían entonces transitar al sitio para realizar la operación deseada, siempre que la aeronave no mantenga un vuelo sostenido sobre personas que no participan directamente cuando están fuera del sitio.

Los límites de gravedad de las lesiones, la prohibición de piezas giratorias expuestas y las restricciones operativas para operaciones de Categoría 3 son mitigaciones de riesgo suficientes para todos los sitios de acceso restringido y cerrado. Bajo estos requisitos, la operación de la pequeña aeronave no tripulada en sí presenta un riesgo suficientemente bajo, particularmente cuando se combina con un requisito de notificación que permite a las personas cercanas a la operación asumir el riesgo o abandonar el área cuando la operación se está llevando a cabo. Los sitios de construcción son a menudo sitios cerrados o de acceso restringido en los que las personas dentro de los sitios podrían no participar directamente en la operación de pequeñas aeronaves no tripuladas. En estas circunstancias, las operaciones sobre personas aún pueden ocurrir sobre estas personas de acuerdo con esta regla.

3. Operaciones que no se encuentran dentro o sobre sitios cerrados o de acceso restringido
Para las operaciones de Categoría 3 sobre personas que no se encuentran dentro de un sitio de acceso restringido o cerrado, la administración propondrá prohibir el vuelo sostenido, ya que al hacerlo se reduce la probabilidad de lesiones al limitar la duración prolongada de un vuelo sobre una persona. Además, la administración deberá proponer prohibir que los pilotos remotos operen una aeronave de Categoría 3 sobre grupos de personas al aire libre.
La ANAC mantendrá la prohibición del vuelo sostenido para operaciones de Categoría 3 fuera de un sitio de acceso cerrado o restringido, además de prohibir todas las operaciones sobre conjuntos al aire libre. El vuelo sostenido incluye flotar sobre la cabeza de cualquier persona, incluida cualquier persona en una reunión al aire libre; volar de un lado a otro sobre una persona o un conjunto al aire libre; o dar vueltas sobre una persona no involucrada o un conjunto al aire libre de tal manera que la pequeña aeronave no tripulada permanezca por encima de alguna parte de esa persona o conjunto al aire libre. Las operaciones realizadas bajo la Categoría 3 solo permiten operaciones sostenidas sobre personas que participan directamente en la operación o debajo de una estructura cubierta o dentro de un vehículo parado. Las operaciones de categoría 1, 2 o 4 que no cumplen con la identificación remota también tienen

prohibido el vuelo sostenido sobre conjuntos al aire libre.

Esta regla proporciona flexibilidad para operar sobre personas que no participan directamente en la operación, a menos que sea un vuelo sostenido sobre un conjunto al aire libre para Categoría 1, 2 o 4. Esta regla permite que las operaciones de Categoría 1 o Categoría 2 ocurran en todos lados con personas, incluido el vuelo sostenido sobre personas que no participan directamente en la operación, a menos que el vuelo sostenido sea sobre una asamblea al aire libre. La ANAC finalizará el requisito de permitir la Categoría 3 sobre personas solo si: (i) la operación se realiza dentro o sobre sitios cerrados o de acceso restringido y cualquier persona dentro de ese sitio ha sido notificado de que una pequeña aeronave no tripulada puede sobrevolarlos; o (ii) la pequeña aeronave no tripulada no mantiene un vuelo sostenido sobre una persona que no participa directamente en la operación, ubicada debajo de una estructura cubierta o dentro de un vehículo estacionario sin cambios. Tales restricciones son consistentes con el marco basado en riesgos para esta reglamentación.

Modos variables y configuraciones variables de pequeños VANTs

La administración propondrá permitir pequeñas aeronaves no tripuladas configuradas para realizar operaciones en más de una categoría. Por ejemplo, una aeronave puede diseñarse de tal manera que sea elegible para realizar operaciones de Categoría 2 en un modo o configuración y operaciones de Categoría 3 en otro. Alternativamente, una pequeña aeronave no tripulada podría cumplir con los requisitos para operar sobre personas solo cuando esté en un modo o configuración particular.

Usando diferentes modos o configuraciones, un solicitante podría diseñar una pequeña aeronave no tripulada para cumplir con los requisitos de desempeño de múltiples categorías de operaciones sobre personas. Se explicará que, para la transición entre varios modos o configuraciones, un solicitante podría utilizar una variedad de métodos, como limitaciones de rendimiento habilitadas por software o configuraciones de hardware. La administración propondrá que una pequeña aeronave no tripulada solo sería elegible para operar en más de una categoría si el piloto remoto al mando no puede cambiar inadvertidamente el modo o la configuración. Un cambio de modo o configuración, por lo tanto, solo podría resultar de una acción deliberada por parte del piloto remoto al mando. El solicitante debe probar la aeronave pequeña no tripulada en el modo o configuración que el solicitante desea declarar en cumplimiento. La declaración de cumplimiento debe incluir cada categoría para la cual el solicitante ha probado o analizado la pequeña aeronave no tripulada.

La administración buscará comentarios sobre los medios de cumplimiento que abordan la incorporación de software, incluidas las actualizaciones o cambios de software, para permitir limitaciones de rendimiento y modos o configuraciones variables para cumplir con el nivel de seguridad propuesto. La ANAC también solicitará comentarios sobre cómo debería revisar los medios de cumplimiento para la energía cinética de impacto o la exposición de umbrales de seguridad de piezas giratorias para abordar la conveniencia de utilizar software para limitar o establecer el rendimiento seguro de la pequeña aeronave no tripulada.

Requisitos de retención de registros

La administración propondrá exigir a los solicitantes que mantengan registros de aeronaves pequeñas no tripuladas

relacionados con sus declaraciones de cumplimiento durante un mínimo de dos años después de cesar la producción y exigiendo a los solicitantes que retengan toda la información de respaldo para un medio de cumplimiento mientras el medio de cumplimiento siga siendo aceptado. En caso de un defecto de seguridad, o si la ANAC iniciara una acción para abordar un problema de cumplimiento, esta información sería fundamental para determinar la causa, el alcance y la gravedad del defecto o infracción.

Para los solicitantes que presenten un medio de cumplimiento para la aceptación de la ANAC, el remitente deberá retener y poner a disposición de la administración, a pedido, y mientras el medio de cumplimiento siga siendo aceptado, la descripción detallada de los medios de cumplimiento y la justificación mostrando cómo los medios de cumplimiento cumplen los requisitos. Al presentar una declaración de cumplimiento, el solicitante debe conservar toda la información de respaldo utilizada para cumplir con los requisitos de seguridad. El solicitante debe conservar esta información durante 2 años después del cese de producción de la pequeña aeronave no tripulada que figura en la declaración de cumplimiento. Además, si el solicitante diseña o modifica la pequeña aeronave no tripulada, debe conservar la información de respaldo durante 2 años después de presentar la declaración de cumplimiento.

La administración propondrá exigir a los solicitantes que mantengan registros de aeronaves pequeñas no tripuladas relacionados con sus declaraciones de cumplimiento durante un mínimo de dos años después de cesar la producción y exigiendo a los solicitantes que retengan toda la información de respaldo para un medio de cumplimiento mientras el medio de cumplimiento siga siendo aceptado. En caso de un defecto de seguridad, o si la ANAC iniciara una acción para abordar un problema de cumplimiento, esta información sería fundamental para determinar la causa, el alcance y la gravedad del defecto o infracción.

Para los solicitantes que presenten un medio de cumplimiento para la aceptación de la ANAC, el remitente deberá retener y poner a disposición de la administración, a pedido, y mientras el medio de cumplimiento siga siendo aceptado, la descripción detallada de los medios de cumplimiento y la justificación mostrando cómo los medios de cumplimiento cumplen los requisitos. Al presentar una declaración de cumplimiento, el solicitante debe conservar toda la información de respaldo utilizada para cumplir con los requisitos de seguridad. El solicitante debe conservar esta información durante 2 años después del cese de producción de la pequeña aeronave no tripulada que figura en la declaración de cumplimiento. Además, si el solicitante diseña o modifica la pequeña aeronave no tripulada, debe conservar la información de respaldo durante 2 años después de presentar la declaración de cumplimiento.

CATEGORÍA 4: OPERACIONES BASADAS EN LA AERONAVEGABILIDAD

Esta regla considera la confiabilidad de los VANT pequeños al establecer una cuarta categoría de aeronaves pequeñas no tripuladas elegibles para operar sobre personas. Esta regla final permite que las aeronaves pequeñas no tripuladas emitidas con un certificado de aeronavegabilidad operen sobre personas de acuerdo con el CE-VANT. Un certificado de aeronavegabilidad apropiado sería uno que no prohíbe operaciones sobre personas o vehículos en movimiento. Operando, las limitaciones pueden especificarse en el Manual de vuelo aprobado o según lo especifique la administración. La certificación es la forma en que la ANAC gestionará el riesgo mediante la garantía de seguridad. Proporcionará a la ANAC la confianza de que un producto u operación propuesto cumplirá con las expectativas de seguridad de la ANAC para proteger al público. La certificación afirma que se han cumplido los requisitos de la ANAC. Las aeronaves pequeñas no tripuladas que hayan obtenido la certificación de aeronavegabilidad podrán operar sobre personas y vehículos en movimiento de acuerdo con el CE-VANT, siempre que las limitaciones operativas aplicables a esa aeronave no prohíban esas operaciones. De acuerdo con otros marcos regulatorios, el propietario es responsable de los requisitos de mantenimiento y retención de registros para aeronaves pequeñas no tripuladas operadas de acuerdo con la Categoría 4 bajo el CE-VANT, a menos que el propietario haya celebrado un acuerdo con otra entidad.

para operar la pequeña aeronave no tripulada. Se espera que la mayoría de los operadores de aeronaves pequeñas no tripuladas de Categoría 4 operadas bajo el CE-VANT también sean el propietario o que operen bajo la dirección del propietario. En este caso, el propietario es responsable del cumplimiento de los requisitos de conservación de registros y mantenimiento de aeronaves pequeñas no tripuladas de Categoría 4. Sin embargo, para mantener la flexibilidad para aquellos propietarios de aeronaves pequeñas no tripuladas de Categoría 4 que deseen celebrar un contrato de arrendamiento con otra entidad para la operación de sus pequeñas aeronaves no tripuladas sin la intervención o el control del propietario, esta regla proporciona los medios para la responsabilidad. para que los requisitos de mantenimiento y retención de registros estén claramente definidos en dicho acuerdo. Si así se especifica en el acuerdo, la ANAC responsabilizaría al operador del cumplimiento de los requisitos de conservación de registros y mantenimiento de aeronaves pequeñas no tripuladas de Categoría 4. Un acuerdo entre un propietario y un operador puede adoptar la forma de un contrato de arrendamiento o contrato por escrito, un acuerdo verbal u otro acuerdo. Si se determina que algún acuerdo no es válido o no se puede hacer cumplir, el propietario tiene la responsabilidad de cumplir con estos requisitos.

Requisitos operativos del piloto al mando a distancia para la categoría 4

Para operar bajo la Categoría 4, el piloto remoto al mando debe usar una pequeña aeronave que tiene un certificado de aeronavegabilidad emitido por la ANAC. Las limitaciones operativas pueden especificarse en el Manual de vuelo aprobado o según lo especifique el la administración y no deben prohibir las operaciones sobre personas o vehículos en movimiento. Cuando se usa una pequeña aeronave no tripulada con un certificado de aeronavegabilidad, los pilotos remotos deben operar de acuerdo con todas las limitaciones operativas, que la

ANAC especificará para cada aeronave al emitir el certificado de aeronavegabilidad. Se prescriben limitaciones operativas para garantizar que la aeronave se opere dentro de un nivel de riesgo aceptable para mantener la seguridad del Espacio Aéreo Navegable y proteger a las personas y la propiedad en tierra. Para garantizar esta seguridad, los pilotos remotos deben cumplir con las limitaciones operativas, especialmente las específicas de las operaciones sobre personas. Cualquier incumplimiento de las limitaciones operativas aumenta el riesgo.

Además, los pilotos remotos tienen prohibido operar una pequeña aeronave no tripulada como una operación de Categoría 4 en vuelo sostenido sobre conjuntos al aire libre a menos que la operación cumpla con los requisitos. El vuelo sostenido sobre un conjunto al aire libre incluye flotar sobre las cabezas de las personas reunidas en un conjunto al aire libre, volar de un lado a otro sobre un conjunto al aire libre o dar vueltas sobre el conjunto de tal manera que la pequeña aeronave no tripulada permanezca por encima alguna parte del conjunto de personas. La ANAC podrá renunciar al cumplimiento de este requisito según corresponda.

Requisitos del sistema de aeronaves pequeñas no tripuladas y aeronavegabilidad continua para la categoría 4

La aeronave debe ser mantenida o alterada de una manera usando los métodos, técnicas y prácticas prescritas en el manual de mantenimiento del fabricante actual o en las instrucciones.

Además, la pequeña aeronave no tripulada debe inspeccionarse de acuerdo con las instrucciones del fabricante o las instrucciones aceptables para la administración. La aeronave pequeña no tripulada también debe mantenerse o modificarse utilizando piezas de tal calidad que la condición de la aeronave sea al menos igual a su condición original o correctamente alterada.

La persona que realiza cualquier mantenimiento,

mantenimiento preventivo o alteraciones debe utilizar los métodos, técnicas y prácticas prescritas en el manual de mantenimiento del fabricante actual o en las Instrucciones para el mantenimiento de la aeronavegabilidad que sean aceptables para la administración, u otros métodos, técnicas y prácticas aceptables para la administración. Además, deben tener el conocimiento, la habilidad y el equipo adecuado para realizar el trabajo. Si bien esta regla no requiere que la persona que realiza el mantenimiento tenga un certificado de mecánico, es responsabilidad del propietario u operador asegurarse de que el mantenimiento se realice de una manera que asegure que la pequeña aeronave no tripulada permanezca en condiciones elegibles para ser operada por personas en de acuerdo con la Categoría 4. Si se opera la pequeña aeronave no tripulada y posteriormente se estrella debido a un mantenimiento incorrecto, el propietario u operador de la pequeña aeronave no tripulada podría ser considerado responsable. La persona que realiza el mantenimiento debe tener las habilidades y los conocimientos básicos para seguir las instrucciones del fabricante y utilizar las herramientas recomendadas por el fabricante. O, si las instrucciones adecuadas no están disponibles, o si se desea un proceso alternativo, entonces el proveedor de mantenimiento puede usar instrucciones aceptables para la administración en lugar de las instrucciones del fabricante.

La ANAC ha confiado durante mucho tiempo en el cumplimiento de estos requisitos por parte de los proveedores de mantenimiento para garantizar que la aeronave permanezca en condiciones de aeronavegabilidad. En este sentido, los requisitos garantizan que la aeronave pequeña no tripulada conserve las capacidades y características que tenía la aeronave pequeña no tripulada en el momento de la certificación y que la determinación de la certificación sigue siendo válida. La conclusión de que la aeronave seguirá siendo segura es fundamental para determinar que la aeronave es adecuada para operar sobre personas de acuerdo con la Categoría 4, ya que es coherente con el marco basado en el riesgo que utiliza la administración para establecer la política adecuada para operaciones de VANTs pequeños sobre personas.

Registros de mantenimiento

Esta regla requiere que el propietario u operador retenga los registros de mantenimiento de las aeronaves elegibles.

para operaciones bajo Categoría 4 durante al menos 1 año desde que se realiza el trabajo, o hasta que el mantenimiento se repite o reemplaza por otro trabajo. Además, el propietario u operador debe conservar y transferir registros que documenten el estado de las piezas con vida útil limitada, el cumplimiento de las directivas de aeronavegabilidad y el estado de inspección de la pequeña aeronave no tripulada cuando se transfiera la propiedad de la pequeña aeronave no tripulada. Los registros deben ser específicos de la pequeña aeronave no tripulada y estar disponibles para la administración a pedido. Todos los registros de mantenimiento, mantenimiento preventivo y alteraciones realizados en la pequeña aeronave no tripulada deben documentarse de una manera aceptable para la administración. Los registros deben contener la descripción del trabajo realizado, la fecha en que se completó el trabajo y el nombre de la persona que realizó el trabajo.

La ANAC usará estos registros para verificar que la pequeña aeronave no tripulada se haya mantenido de una manera que asegure que permanece en una condición elegible para operaciones sobre personas de acuerdo con la Categoría 4. Además, si bien la administración no establecerá un proceso para exigir una pequeña aeronave no tripulada sea retirada de servicio, reparada y devuelta al servicio por un mecánico certificado, la pequeña aeronave no tripulada debe recibir el mantenimiento adecuado para garantizar que permanezca en condiciones seguras. El mantenimiento de registros adecuado verificará el cumplimiento de este requisito.

OPERACIONES SOBRE VEHÍCULOS EN MOVIMIENTO

Aunque las operaciones de aeronaves pequeñas no tripuladas sobre vehículos en movimiento pueden presentar riesgos adicionales debido a las velocidades potenciales de dichos vehículos, la administración determinará que las operaciones de aeronaves pequeñas no tripuladas sobre personas que se encuentran dentro de vehículos en movimiento pueden realizarse de manera segura, en circunstancias limitadas. Por lo tanto, esta regla permitirá operaciones de pequeñas aeronaves no tripuladas sobre personas dentro de vehículos en movimiento sujetos a condiciones específicas. La regla contiene una nueva sección que describe las condiciones bajo las cuales se pueden operar pequeñas aeronaves no tripuladas sobre personas dentro de vehículos en movimiento.

Esta regla permite operaciones sobre personas dentro de vehículos en movimiento bajo las siguientes condiciones. Primero, la operación de aeronaves pequeñas no tripuladas debe cumplir con los requisitos para una operación de Categoría 1, 2 o 3. En segundo lugar, independientemente de la categoría de operación, la operación debe cumplir cualquiera de las siguientes condiciones: (1) la operación debe estar dentro o sobre un sitio de acceso cerrado o restringido donde cualquier ser humano ubicado dentro de un vehículo en movimiento dentro del sitio de acceso cerrado o restringido esté al tanto de que una pequeña aeronave no tripulada puede volar sobre ellos, o (2) si la operación no está dentro o sobre un sitio cerrado o de acceso restringido, la pequeña aeronave no tripulada no debe mantener un vuelo sostenido sobre vehículos en movimiento.

La aplicación de los requisitos de las Categorías 1, 2 o 3 reducirá el riesgo de lesiones a los seres humanos. La limitación de peso y la prohibición de las partes giratorias expuestas para la Categoría 1 y las limitaciones de gravedad de las lesiones y la prohibición de las partes giratorias expuestas para las Categorías 2 y 3 reducen el riesgo de lesiones a las personas ubicadas en o sobre vehículos en movimiento, así como la gravedad de los daños a un vehículo en movimiento si ocurre un impacto. Tener un solo conjunto de condiciones para que las Categorías 1, 2 y 3 operen sobre vehículos en movimiento también simplifica el requisito al tiempo que se logra un nivel aceptable de seguridad.

Los VANTs pequeños de Categoría 4 pueden ser elegibles para operar sobre vehículos en movimiento siempre que las limitaciones operativas aplicables en el Manual de vuelo aprobado por la ANAC o según lo especificado por la administración no prohíban dicha operación. La operación de una aeronave pequeña no tripulada de Categoría 4 sobre una persona en un vehículo en movimiento es consistente con el nivel de seguridad que alcanzan las operaciones de aeronaves pequeñas no tripuladas bajo las Categorías 1, 2 y 3.

A los efectos de esta regla, la administración considerará que un vehículo es cualquier medio de transporte, independientemente de que sea motorizado. Por ejemplo, automóviles, camiones, autobuses, trenes, motocicletas, scooters y montañas rusas son todos vehículos. Además, los medios de transporte no motorizados como las bicicletas también se considerarían vehículos porque tienen el potencial de moverse a velocidades que la administración no contempló al establecer los requisitos para operaciones sobre personas. Las embarcaciones como embarcaciones turísticas, lanchas a motor y embarcaciones personales también son vehículos a los efectos de esta regla.

Las restricciones de sitio cerrado o de acceso restringido

que se aplican a algunas operaciones sobre vehículos en movimiento son similares a las restricciones para operaciones de Categoría 3 sobre personas y se aplicarán a todas las operaciones sobre vehículos en movimiento. Por ejemplo, una operación de Categoría 2 sobre personas no está restringida a sitios cerrados o de acceso restringido, pero si la operación involucra operaciones sobre vehículos en movimiento, entonces se aplicará esta restricción. Cuando se opera dentro de un sitio de acceso cerrado o restringido, no se aplican limitaciones con respecto a la duración del vuelo sostenido o sobre un vehículo en movimiento. Las operaciones de aeronaves pequeñas no tripuladas sobre vehículos en movimiento dentro o sobre sitios cerrados o de acceso restringido tienen la mayor flexibilidad para operar sobre vehículos en movimiento.

Al igual que con las limitaciones operativas que se aplican a las operaciones de conformidad con la Categoría 3, los pilotos remotos deben garantizar que no se produzca un acceso inadvertido o no autorizado al sitio de acceso cerrado o restringido. Dicho sitio podría ser un área que contenga barreras físicas, personal o ambos, para garantizar que no sea posible el acceso inadvertido o no autorizado.

Además, esta regla requiere que un piloto remoto verifique que las personas que operan vehículos dentro del sitio de acceso cerrado o restringido reciban un aviso de que una pequeña aeronave no tripulada puede operar sobre ellos dentro del sitio, para mejorar el conocimiento de la situación de las personas que operan los vehículos. dentro del sitio. Los avisos públicos, la señalización y las banderas son algunos medios efectivos de notificar a las personas dentro del sitio, como lo son los avisos escritos colocados en el punto de entrada al área restringida o una sesión informativa entre el operador de aeronaves pequeñas no tripuladas y los operadores de vehículos. Cuando una persona que opera un vehículo recibe una carta o contrato que indica que pueden ocurrir operaciones de aeronaves pequeñas no tripuladas sobre él o ella, esto serviría como aviso real suficiente, sin importar la cantidad de tiempo que pase entre la recepción de la información y la operación de aeronaves pequeñas no tripuladas, siempre que la recepción del aviso se produzca antes de que comience la operación. Los pequeños operadores de VANT deben proporcionar una notificación verbal además de una notificación por escrito en los casos en que sea necesaria una notificación verbal para garantizar que la información se reciba y se comprenda. Los operadores pueden querer considerar si proporcionar una notificación por escrito podría ser útil para satisfacer sus propias necesidades probatorias. El aviso debe describir las precauciones u otras acciones recomendadas para garantizar la seguridad durante una operación de aeronave pequeña no tripulada. El piloto remoto al mando debe verificar que las personas dentro o sobre vehículos dentro del sitio de acceso restringido o cerrado hayan recibido notificación.

Si la operación sobre vehículos en movimiento se lleva a cabo fuera de un sitio cerrado o de acceso restringido, se prohíbe a la pequeña aeronave no tripulada realizar un vuelo sostenido sobre vehículos en movimiento. Esta prohibición se aplica a mantenerse por encima, sobrevolar o mantener un vuelo sostenido sobre vehículos en movimiento. Este requisito debe garantizar solo una exposición momentánea a cualquier vehículo en movimiento en el que los ocupantes no tengan el beneficio de la conciencia y coordinación que tienen los operadores de vehículos en sitios de acceso restringido o cerrado. Limitar la cantidad de tiempo que la pequeña aeronave no tripulada opera sobre vehículos en movimiento reduce la probabilidad de un impacto con un vehículo en movimiento. Los operadores de aeronaves pequeñas no tripuladas que deseen realizar operaciones sostenidas sobre vehículos en movimiento que no estén en un sitio cerrado o de acceso restringido deben solicitar un certificado de exención.

El piloto remoto al mando sigue siendo responsable de garantizar que la operación no cree un peligro para nadie, incluida una persona en un vehículo en movimiento. La ANAC dependerá del cumplimiento de esta responsabilidad, especialmente cuando la pequeña aeronave no tripulada cruza una vía o vía fluvial activa, ya que la administración se niega a limitar las vías de cruce a ángulos particulares, como perpendiculares a la vía, o en determinadas altitudes. El piloto remoto al mando es el más adecuado para evaluar el entorno del vehículo en movimiento para determinar una manera segura de cruzar una carretera o vía fluvial activa para no presentar un peligro para los vehículos en movimiento debajo. El piloto a distancia al mando debe considerar el tipo de vía o vía fluvial; los tipos de vehículos; el diseño de aeronaves pequeñas no tripuladas y las características de rendimiento; obstrucciones al vuelo, como edificios, árboles, líneas eléctricas, señales de tráfico; y cualquier otro aspecto del entorno operativo que pueda influir en la seguridad de la operación.

La administración también estará de acuerdo con la disponibilidad de exenciones de la prohibición de operar pequeñas aeronaves no tripuladas sobre vehículos en movimiento. Los pequeños operadores de VANT pueden recibir exenciones para permitirles desviarse de las condiciones para operar pequeñas aeronaves no tripuladas sobre vehículos en movimiento, siempre que puedan demostrar que la operación puede ocurrir de manera segura de conformidad con los términos de un certificado de exención.

OPERACIONES DE NOCHE

Requisitos de conocimiento para pilotos remotos que realizan operaciones de noche

Solo los pilotos a distancia que completen una prueba de conocimientos aeronáuticos actualizada o una capacitación actualizada cumplirán con los requisitos de calificación de piloto a distancia para actuar como piloto al mando de un

pequeños VANTs por la noche. Al igual que con todas las personas que recibieron su certificado de piloto a distancia antes de la promulgación de esta regla, los pilotos que anteriormente posean un certificado de piloto a distancia también deberán completar el entrenamiento actualizado antes de actuar como piloto al mando de un pequeño VANT por la noche.

La administración propondrá revisar las regulaciones para requerir que el piloto a distancia complete una prueba de conocimiento o entrenamiento sobre operaciones de VANT pequeños en la noche. Esta regla finaliza esas adiciones, según lo propuesto. Los solicitantes que sean elegibles para obtener un certificado de piloto remoto deben completar una prueba de conocimientos actualizada antes de realizar operaciones de noche. Esta regla también requiere que los titulares existentes de un certificado de piloto remoto de CE-VANT completen la capacitación actualizada antes de operar como piloto remoto por la noche.

La prueba de conocimientos y la formación actualizadas evaluarán el conocimiento de los solicitantes y pilotos sobre los riesgos y situaciones que no están presentes durante las operaciones diurnas. Las nuevas pruebas y capacitación incluirán preguntas sobre los requisitos de la luz anticolisión, cuándo se permite atenuar la luz anticolisión, cómo determinar la posición de la aeronave, cómo evitar obstáculos con falta de señales visuales, qué aeronave puede estar realizando operaciones nocturnas de bajo nivel, fisiología nocturna, efectos del ritmo circadiano y otros temas. A través de esta educación, el piloto remoto tendrá el conocimiento para operar un pequeño VANT en la noche de manera segura e implementar los protocolos y herramientas adecuados para mitigar los riesgos que ha identificado para su operación.

Después de la fecha de vigencia de esta regla, los pilotos remotos que operan bajo una exención recibida antes de la fecha de vigencia podrán continuar operando de noche según las disposiciones de esa exención sin cumplir con el requisito de entrenamiento recurrente actualizado por un período de 60 días.

Iluminación anticolisión

Se declarará que el pequeño tamaño de la mayoría de las aeronaves no tripuladas pequeñas (en comparación con su contrapartes tripuladas), combinado con una visibilidad reducida durante la oscuridad, favorece la necesidad de iluminación anticolisión para reducir el riesgo que implican las pequeñas operaciones de VANT durante la noche. La administración declaró que anticipó que la presencia de luces anticolisión proporcionaría a otras aeronaves la conciencia de la presencia de una pequeña aeronave no tripulada. La luz anticolisión no es el único medio de evitar colisiones en el aire entre una aeronave tripulada y una pequeña aeronave no tripulada. Antes y durante la operación, esta regla requiere que el piloto remoto se asegure de que las luces anticolisión estén funcionando, sean visibles durante 5 kilómetros terrestres y tengan una frecuencia de destello suficiente para evitar una colisión en el lugar de operación. La luz anticolisión tampoco exime al piloto remoto de cumplir con los requisitos restantes del CE-VANT, que incluyen ceder el paso a todas las demás aeronaves. Aunque el riesgo de una colisión en el aire durante la noche es bajo debido a la altitud y el volumen de las aeronaves que operan de noche, las medidas adicionales de mitigación de riesgos son apropiadas para la seguridad de otras aeronaves que pueden estar operando de noche. El requisito de tener una luz anticolisión para operaciones nocturnas también es coherente con los requisitos del CE-VANT para pequeñas operaciones de VANT durante el crepúsculo civil.

1. Velocidad de destello

    Como se indica en la regla propuesta, el requisito de la ANAC para luces anticolisión para operaciones crepusculares bajo la regla final para el CE-VANT se basó en los requisitos de operaciones diurnas para vehículos ultraligeros. Dichos vehículos solo pueden operar durante las horas crepusculares civiles siempre que están equipados con "una luz anticolisión operativa visible por al menos 5 kilómetros terrestres". Al promulgar ese requisito, la ANAC aclarará que dichas luces anticolisión son "cualquier dispositivo intermitente o estroboscópico que tenga la intensidad suficiente para visible por al menos 5 kilómetros terrestres". Esta regla proporciona una aclaración adicional con respecto al requisito de luz anticolisión. Como lo demuestra la comparación anterior con las luces anticolisión ultraligeras, es apropiado requerir que las luces anticolisión para las operaciones tanto durante el crepúsculo civil como de noche parpadeen, en lugar de permanecer estáticas. Esta regla requiere que las luces anticolisión utilizadas destellen a una velocidad suficiente para evitar una colisión.

    La administración determinará desde entonces que las luces anticolisión deben parpadear. Además del requisito de que la luz sea visible durante 5 kilómetros terrestres, la iluminación anticolisión con una frecuencia de destello suficiente para evitar una colisión ayudará a concienciar a todos los pilotos de la presencia de la pequeña aeronave no tripulada.

Bajo esta regla, el piloto remoto es responsable de asegurar que las luces anticolisión estén funcionando, sean visibles durante 5 kilómetros terrestres y tengan una frecuencia de destello suficiente para evitar una colisión en el lugar de operación, tanto antes de realizar la operación como durante cada operación nocturna. Los requisitos basados en el rendimiento para la iluminación anticolisión, con respecto a la intensidad, la velocidad de destello, los campos de cobertura y otras características relevantes, garantizarán que la pequeña aeronave no tripulada sea suficientemente visible para otras aeronaves. El piloto remoto puede confiar en las declaraciones del fabricante que indiquen que la iluminación anticolisión es visible durante 5 kilómetros terrestres y tiene una velocidad de destello suficiente para cumplir con los requisitos de esta regla. Sin embargo, el piloto remoto en última instancia sigue siendo responsable de verificar que la iluminación anticolisión esté operativa, sea visible durante 5 kilómetros terrestres y tenga una frecuencia de destello suficiente para evitar una colisión en el lugar de operación.

La ANAC no requiere que los pilotos de aviones tripulados distingan entre las luces de los aviones y los helicópteros, o las antenas y los molinos de viento, sino solo para evitar esos obstáculos. Este requisito, por lo tanto, hará que la pequeña aeronave no tripulada se vuelva más visible para otros operadores, independientemente de si otros operadores la identifican como una pequeña aeronave no tripulada. Un piloto de aeronave tripulado probablemente distinguiría el movimiento de la iluminación externa contra un fondo oscuro estancado en lugar de características específicas de iluminación.

2. Diseño de luces anticolisión

La administración propondrá requerir que las aeronaves pequeñas no tripuladas que operan de noche tengan un componente de iluminación anticolisión visible durante 5 kilómetros terrestres, en lugar de una luz que cumpla con los criterios de diseño prescriptivos.

<u>El requisito basado en el desempeño de esta regla es apropiado para el nivel de riesgo asociado con las operaciones nocturnas y permite flexibilidad a medida que evoluciona la tecnología.</u>

Exenciones
La administración declarará que consideraría otorgar un certificado de exención que permita operaciones nocturnas de aeronaves pequeñas no tripuladas sin una luz anticolisión visible durante 5 kilómetros terrestres si un solicitante demuestra medidas suficientes para mitigar el riesgo asociado con la operación propuesta. Como se explica más adelante en esta sección, permitir exenciones del requisito de iluminación anticolisión se adaptará a circunstancias operativas únicas sin reducir la seguridad.

No se requiere iluminación de posición
La iluminación de posición puede ayudar a un piloto remoto a cumplir con los requisitos de línea de visión aplicables, como conocer la ubicación, actitud, altitud y dirección de vuelo de la aeronave no tripulada. Sin embargo, esta regla no requiere iluminación de posición porque no es el único medio por el cual un piloto remoto podría cumplir con estos requisitos. Aunque la iluminación de posición no es necesaria para una operación segura, un piloto remoto puede usar la iluminación de posición si determina que sería la mejor solución para una operación segura.

Efecto sobre la actividad humana
Los estados y municipios pueden usar sus poderes policiales, tales como los relacionados con el uso de la tierra, la zonificación, la privacidad, el anti-voyerismo, la intrusión y las operaciones de aplicación de la ley, para abordar las

pequeñas operaciones de VANT en la comunidad. A través de su uso de la tierra y su poder de zonificación, los municipios tienen autoridad para determinar la ubicación de las áreas de despegue y aterrizaje de aeronaves dentro de la comunidad. Sin embargo, los municipios no tienen autoridad para promulgar restricciones operativas sobre la seguridad de la aviación o la eficiencia del espacio aéreo navegable, incluida la regulación de la altitud de vuelo de aeronaves no tripuladas, rutas de vuelo o prohibiciones operativas.

Todas las operaciones de aeronaves en el espacio aéreo navegable, ya sean tripuladas o no, y ya sea durante el día o la noche, están reguladas por el gobierno federal. El Congreso ha otorgado a la ANAC autoridad para regular las áreas de uso, gestión y eficiencia del espacio aéreo; control de tráfico aéreo; la seguridad; instalaciones de navegación; y el ruido de las aeronaves en su origen. Además, un ciudadano de Argentina tiene el derecho público legal de tránsito a través del espacio aéreo navegable.

CE-VANT PRUEBA Y ENTRENAMIENTO DE CONOCIMIENTOS DE PILOTO REMOTO

Se propondrá agregar un área de conocimiento que cubra las operaciones nocturnas para la prueba de conocimiento inicial, la capacitación inicial y la capacitación periódica. También se propondrá revisar la lista de áreas de conocimiento para pilotos a distancia, requiriendo la inclusión de la misma lista de áreas de conocimiento tanto en la prueba de conocimiento inicial como en la capacitación periódica para pilotos que posean un certificado de piloto a distancia. En cuanto a los pilotos que ya poseen un certificado de piloto, se propondrá requerir la capacitación inicial y periódica para cubrir áreas de conocimiento idénticas.

Formación periódica y experiencia en conocimientos aeronáuticos

La capacitación periódica garantiza que los pilotos a distancia se mantengan familiarizados con las operaciones de VANTs pequeños y las disposiciones del CE-VANT. Además, los pilotos a distancia pueden completar la capacitación periódica en línea, lo que ofrece una opción menos costosa y hace que el piloto a distancia mantenga un nivel de conocimientos comparable al de la recepción periódica pruebas. El uso de la capacitación en línea por parte de la ANAC permitirá a la ANAC adaptar la capacitación según sea necesario a medida que cambian la tecnología o las regulaciones.

La regla continúa permitiendo que una persona elegible que posea un certificado de piloto (que no sea un certificado de piloto de estudiante) complete la capacitación en las áreas de conocimiento especificadas cuando busque un certificado de piloto remoto. Además, la regla permite que todos los pilotos remotos para completar la capacitación periódica en línea cada 24 meses calendario, en lugar de una prueba de conocimientos recurrente. La regla enmienda los requisitos de prueba y entrenamiento de conocimientos aeronáuticos para pilotos remotos para incluir una nueva área de conocimiento relacionada con la operación de un VANT pequeño en la noche.

Esta regla final requiere que la prueba de conocimiento inicial y la capacitación periódica cubran áreas de conocimiento idénticas. De manera similar, para los pilotos elegibles, la capacitación inicial y la capacitación periódica cubrirán las mismas áreas de conocimiento. La ANAC estará actualizando simultáneamente los Estándares de Certificación de Aeronáuticos (ACS) del CE-VANT, la prueba de conocimiento aeronáutico inicial, el curso de certificación del CE-VANT para pilotos elegibles y la capacitación periódica. La prueba de conocimientos aeronáuticos actualizada y la capacitación actualizada reemplazan el conocimiento actual prueba y entrenamiento después de la fecha de vigencia de la regla.

El CE-VANT requiere que el entrenamiento periódico cubra las regulaciones aplicables relacionadas con los privilegios, limitaciones y operación de vuelo de habilitación de VANT pequeños. Como resultado, la capacitación periódica garantizará que los pilotos remotos conozcan las reglas de operación actuales y actualizadas. Si bien una puntuación alta en una prueba inicial de conocimientos aeronáuticos puede demostrar competencia inicial, el conocimiento es perecedero y se degrada con el tiempo. La capacitación periódica en línea permite a los pilotos remotos mantener el conocimiento crítico y mantenerse al tanto de los problemas dinámicos, incluidos los cambios en las regulaciones, que surgen mientras finalmente completan los requisitos de conocimiento actualizados relacionados con la operación de pequeños VANTs. Además, la administración considerará que el intervalo de 24 meses es un período de tiempo apropiado. Este intervalo de entrenamiento recurrente es consistente con el requisito de que los pilotos de aeronaves tripuladas cumplan con el requisito de completar una revisión de vuelo. Al completar esta capacitación periódica, se encuentra disponible un certificado de finalización imprimible para demostrar la actualidad del conocimiento aeronáutico de acuerdo con las revisiones. La ANAC proporcionará material educativo en el sitio web de la ANAC sobre actualizaciones de las reglas de funcionamiento.

La administración continuará descubriendo que la capacitación formal, una prueba práctica para la emisión de un certificado de piloto remoto del CE-VANT y requisitos de prueba similares a los de los certificados de piloto comercial no son necesarios. Las limitaciones de muchas aeronaves pequeñas no tripuladas (por ejemplo, tamaño, facilidad de aterrizaje, falta de personas a bordo), combinadas con las restricciones operativas del CE-VANT, minimizan la necesidad de pruebas de aptitud de vuelo o formación. No es necesario un requisito de capacitación formal prescriptivo para las operaciones del CE-VANT.

Esta regla permite que los solicitantes de certificados de piloto remoto obtengan los conocimientos aeronáuticos necesarios a través de varios métodos diferentes, incluido el autoaprendizaje, la inscripción en un seminario de capacitación o un curso en línea, o mediante instrucción individual con un entrenador familiarizado con pequeños VANTs y el CE-VANT. Este enfoque basado en el desempeño es preferible porque permite a las personas seleccionar un método de estudio que funcione mejor para ellos. La ANAC mantendrá este fundamento para las operaciones sobre personas y operaciones nocturnas. Si bien la introducción de operaciones sobre personas y operaciones nocturnas puede introducir una complejidad adicional al

Espacio Aéreo Navegable, la ANAC desarrollará el diseño y los requisitos operativos de esta regla para equilibrar el riesgo asociado con la integración incremental de pequeños VANTs.

La ANAC entenderá que la capacitación formal sería demasiado onerosa para el solicitante. Al requerir que una persona solo tome una prueba de conocimiento para la certificación, permitiendo la capacitación periódica en línea y no requiriendo capacitación formal, la ANAC anticipará que esto resultará en ahorros de costos para los pilotos remotos. La ANAC no considerará necesario requerir pruebas prácticas para obtener una renovación del certificado de piloto remoto.

Como se discutió anteriormente, el conocimiento se degrada con el tiempo y la necesidad de formación periódica proporciona garantías de que los pilotos remotos experimentados siguen siendo conscientes de los aspectos específicos de la operación de un VANT pequeño. La ANAC considerará necesario garantizar la coherencia en el conocimiento de los pilotos remotos de las áreas temáticas para la operación segura de pequeños VANTs. Para compensar las diferencias entre aeronaves tripuladas y pequeñas aeronaves no tripuladas, la lista de áreas de conocimiento incluye temas que son específicos de las operaciones de VANTs pequeños. Por ejemplo, determinar el desempeño de una aeronave tripulada es distinto de la manera en que un piloto debería determinar el desempeño de un pequeño VANT; a este respecto, los requisitos de verificación previa al vuelo son distintos de los codificados y en otras regulaciones similares específicas para aeronaves tripuladas.

OTRAS ENMIENDAS AL CE-VANT

Presentación del Certificado de Piloto al mando a distancia

La administración propondrá agregar el requisito de que los pilotos remotos presenten sus Certificado de piloto a distancia al mando con una pequeña habilitación VANT, así como una forma de identificación para las personas autorizadas que lo soliciten. La regla existente requiere que el piloto remoto al mando, propietario o persona que manipule los controles del VANT pequeño presente a la administración a pedido, el certificado de piloto remoto con habilitación de VANT pequeño y cualquier otro documento, registro o informe requerido en el CE-VANT. El cambio propuesto ampliará la lista de personas autorizadas que podrían solicitar la información, para incluir representantes autorizados de la Junta de Seguridad en el Transporte (JST) o la Policía de Seguridad Aeroportuaria (PSA); o cualquier agente de la ley federal, estatal o local. Según la regla propuesta, la forma de identificación incluiría cualquier identificación que contenga la fotografía, firma, fecha de nacimiento y dirección postal permanente de la persona.

La administración se negará a permitir las credenciales electrónicas como forma de identificación, ya que la falta de estandarización en las credenciales electrónicas en la Argentina elimina la capacidad de las personas autorizadas para verificar la identidad del piloto remoto.

Para mantener la seguridad y la protección del espacio aéreo, es vital saber quién está operando en el EAN. La ANAC implementará estos requisitos de inspección reglamentaria como una medida para garantizar esta seguridad. La capacidad de identificar pilotos remotos proporciona información crítica a la administración.

La ANAC deberá realizar continuamente esfuerzos de divulgación con las fuerzas del orden federales, estatales y locales de pequeñas operaciones de VANT. Además, la ANAC contará con el Programa de Asistencia para el Cumplimiento de la Ley (PACL), que proporciona, según corresponda, apoyo y educación relacionados con la aviación a las agencias del orden.

Ruido de aeronaves no tripuladas

La ANAC gestionará principalmente el ruido de origen de las aeronaves como una cuestión de certificación de aeronaves en lugar de restricciones operativas. La ANAC será consciente de que hay datos limitados disponibles para cuantificar la acústica de la mayoría de las aeronaves no tripuladas y casi ninguna relacionada con el efecto en las personas cuando se operan aeronaves no tripuladas de cualquier tamaño en las proximidades. Cuando la ANAC promulgó el CE-VANT, determinó que no impondría ningún requisito de ruido (en forma de pruebas de aeronaves individuales) debido al tamaño limitado de las aeronaves pequeñas no tripuladas y el alcance de las operaciones permitidas en esa parte. Sin embargo, en los años transcurridos desde la adopción del mismo, el número de VANTs en funcionamiento ha aumentado, la ANAC ha otorgado exenciones operativas y la administración ahora está ampliando las operaciones del CE-VANT fuera de la caja operativa inicial. La expansión del número de aeronaves no tripuladas y sus operaciones ha superado las acciones de certificación de la ANAC para medir y analizar el ruido de estas aeronaves, y la ANAC deberá agregar VANT a su flujo de trabajo del portal de informes de ruido en respuesta a la creciente conciencia pública y preocupación por las operaciones de VANT cerca ellos. La ANAC continuará buscando y recopilando datos de ruido disponibles en más modelos de aeronaves no tripuladas, sin embargo, los esfuerzos se enfrentarán a desafíos debido a la expansión rápida de operaciones bajo el CE-VANT con aeronaves no tripuladas que no requieren certificación.

Cuando se presenta una aeronave para la certificación, la ANAC realizará la certificación de ruido.

Además, a medida que se agregan aeronaves no tripuladas más grandes a la flota, existe un mayor potencial de impactos de ruido. En consecuencia, la ANAC comenzará a aplicar procedimientos de prueba más relevantes y límites de ruido para los nuevos modelos de aeronaves no tripuladas presentados para la certificación

La proliferación prevista de aeronaves no tripuladas que pesan menos de 250 gramos ha llevado a la ANAC a evaluar su capacidad futura para analizar y comprender los impactos del ruido de los aeronaves no tripuladas. A medida que el entorno operativo se expande para incluir más operaciones sobre personas que no participan directamente en la operación, la ANAC deberá abordar los posibles procedimientos de prueba y los criterios para determinar cuál de estas aeronaves requeriría pruebas de ruido. Los procedimientos de prueba de certificación y los estándares de ruido actuales no se desarrollaron para aeronaves que están diseñadas para despegar, aterrizar u operar (incluido el vuelo estacionario) cerca de personas que no participan directamente en la operación.

Análisis regulatorio: beneficios y costos

La ANAC estará de acuerdo en que esta regla final resultará en un aumento en el número de aeronaves pequeñas no tripuladas que operan en el espacio aéreo, particularmente de noche. Sin embargo, este riesgo está mitigado por las regulaciones existentes finalizadas en la regla de 2019. Las regulaciones contenidas en el CE-VANT estipulan que: 1) las aeronaves pequeñas no tripuladas deben ceder el paso a todos los demás usuarios del EAN y requieren que la aeronave pequeña no tripulada sea siempre la que inicie una maniobra de evitación para evitar la colisión con cualquier otro usuario de el EAN, y 2) la operación de una pequeña aeronave no tripulada no puede estar tan cerca de otra aeronave como para crear un peligro de colisión.

La ANAC señalará que una solicitud para un certificado debe estar en la forma y manera prescritas por la administración. Una persona que busca obtener un certificado de piloto remoto, con una pequeña habilitación VANT que no tiene un certificado (que no sea un certificado de estudiante piloto) debe tomar la prueba de conocimientos aeronáuticos del CE-VANT en un centro de pruebas de conocimientos aprobado. Debido a la necesidad de probar la seguridad y la identificación del solicitante, las pruebas de conocimientos iniciales del CE-VANT para la certificación no se pueden administrar a través de una plataforma de pruebas en línea. Se mantendrá el requisito de que el solicitante de una prueba de conocimientos, verifique su identidad en persona en un centro de pruebas, al igual que el requisito de un supervisor de pruebas. Ambos requisitos son consistentes con el CE-VANT y otros marcos regulatorios para las pruebas de conocimiento.

Los requisitos basados en el desempeño contenidos en esta regla para la fabricación de pequeños VANTs mitigarían el riesgo de lesiones a las personas. En concreto, las cuatro categorías que establece esta norma mitigan los riesgos asociados a las operaciones sobre personas. La categoría de riesgo más bajo, Categoría 1, establece un límite de peso de 250 gramos para la pequeña aeronave no tripulada y todo lo que se adjunte de otra manera y prohíbe las partes giratorias expuestas que podrían causar laceraciones. De manera similar, las categorías 2 y 3 prohíben que las aeronaves pequeñas no tripuladas tengan partes giratorias expuestas que puedan causar laceraciones, además de los límites de gravedad de las lesiones y la prohibición de defectos de seguridad.

La ANAC no requerirá que el solicitante proporcione instrucciones de operación del piloto remoto en un formato particular, ni prescribe el método para hacer que las instrucciones estén disponibles. Por ejemplo, un solicitante podría optar por proporcionar las instrucciones de funcionamiento del piloto remoto como parte del paquete de un pequeño VANT, ponerlas a disposición electrónicamente o proporcionarlas de alguna otra manera. Los solicitantes con productos actualmente en el mercado tienen la libertad de elegir si incorporar las instrucciones a los materiales existentes o crear un nuevo conjunto de instrucciones que sean específicas para las operaciones sobre las personas.

FECHAS DE VIGENCIA Y CUMPLIMIENTO

Cronograma de implementación para operaciones nocturnas y requisitos de capacitación periódica

Las operaciones sobre personas estarán permitidas en la fecha de vigencia de esta regla, siempre que el VANT pequeño cumple con todos los requisitos de elegibilidad para la categoría apropiada. Por ejemplo, una aeronave no tripulada que pese menos de 250 gramos, incluido todo lo que esté adjunto, y sin partes giratorias expuestas que puedan causar una laceración, puede operar en la fecha de vigencia. VANTs pequeños con un certificado de aeronavegabilidad podrían operar bajo el CE-VANT en la fecha de vigencia de la regla, siempre que las limitaciones operativas para los VANTs pequeños no prohíban operaciones sobre personas.

Dado que las Categorías 2 y 3 requieren un proceso de varios pasos para cumplir con los requisitos de elegibilidad, la ANAC no preverá que muchos VANTs pequeños, si los hay, podrán operar inmediatamente en la fecha de vigencia. Los solicitantes de medios de cumplimiento pueden enviar los medios de cumplimiento a la ANAC por correo electrónico o por correo postal de Argentina. Los solicitantes pueden enviar su declaración de cumplimiento a través de un portal en línea en el sitio web de la ANAC. Al recibirla, la ANAC revisaría la declaración de cumplimiento presentada para su aceptación y notificaría a los solicitantes sobre su estado de aceptación. No se aceptarán declaraciones de cumplimiento incompletas.

Con respecto a las operaciones sobre exenciones de personas emitidas antes de la fecha de vigencia de esta regla, la ANAC las revisará caso por caso y determinará los próximos pasos según corresponda.

En la fecha de vigencia de esta regla, las personas pueden realizar operaciones de noche, siempre que completen satisfactoriamente la prueba inicial de conocimientos aeronáuticos actualizada, la capacitación inicial y la capacitación periódica, según corresponda, que aborde los requisitos de operación nocturna y que el pequeño La aeronave no tripulada tiene iluminación anticolisión encendida visible por al menos 5 kilómetros terrestres que tiene una frecuencia de destello suficiente para evitar una colisión.

Sesenta días después de la fecha de vigencia de la regla, ninguna persona puede operar un VANT pequeño por la noche de acuerdo con un certificado de renuncia emitido antes de la fecha de vigencia de la regla. Las exenciones existentes otorgadas antes de la fecha de vigencia terminarán 60 días después de la fecha de vigencia de la regla. De manera similar, en la fecha de vigencia de esta regla, los pilotos estarán sujetos al requisito de entrenamiento recurrente finalizado en esta regla, en lugar de la prueba de conocimiento recurrente. Los pilotos remotos que realicen operaciones de acuerdo con una exención nocturna actual deberán completar el área actualizada de conocimientos de operaciones nocturnas, ya sea volviendo a realizar la prueba inicial de conocimientos aeronáuticos o completando la capacitación periódica en línea dentro de los 60 días posteriores a la fecha de vigencia de esta regla.

UNA DECLARACIÓN DE LA NECESIDAD Y LOS OBJETIVOS DE LA REGLA

Esta regla es un paso importante para integrar aún más las operaciones de VANTs pequeñas en el EAN. El objetivo general de la ANAC en esta regla será garantizar la seguridad mientras se fomentan nuevos usos de pequeños VANTs en el EAN. Esta reglamentación finaliza los requisitos basados en el desempeño para permitir que los pequeños VANTs operen sobre personas o de noche bajo el CE-VANT sin obtener una dispensa o exención. Actualmente, bajo el CE-VANT, un piloto remoto debe obtener una exención que permita explícitamente operaciones sobre personas o de noche.

Esta regla también requiere que un solicitante de piloto remoto apruebe una prueba de conocimientos o complete una capacitación en línea que contenga áreas de conocimiento sobre operaciones nocturnas, antes de emprender este tipo de operaciones.

La ANAC reconocerá que las regulaciones impactan de manera desproporcionada los costos para las pequeñas empresas, estas cargas de costos incluyen el cumplimiento, la presentación de informes y el mantenimiento de registros. En esta regla en particular, se deduce que los solicitantes más pequeños de una declaración de cumplimiento se verán afectados de manera desproporcionada en comparación con sus contrapartes más grandes en términos de costos asociados con los medios de prueba de cumplimiento.

Para que la ANAC acepte una declaración de cumplimiento, esta regla requiere que el solicitante declare que un VANT pequeño cumple con los requisitos de seguridad aplicables basados en el desempeño mediante el uso de un medio de cumplimiento mediante prueba, análisis o inspección, o cualquier combinación de estas opciones. aceptado por la ANAC. Un solicitante podría realizar todas las pruebas necesarias contenidas en los medios de cumplimiento internamente o podría alquilar una instalación de prueba con el equipo necesario para demostrar el cumplimiento de la limitación de lesiones basada en la transferencia de energía cinética en el impacto. El solicitante certificaría los resultados de este medio de prueba de cumplimiento en su declaración de cumplimiento a la ANAC.

Para las Categorías 2 y 3, esta regla requiere que un solicitante etiquete una pequeña aeronave no tripulada con cada categoría para la cual el pequeño VANT es elegible para operar. El solicitante debe asegurarse de que la etiqueta esté en español, sea legible, prominente y esté colocada en la pequeña aeronave no tripulada por algún medio permanente. Además, los pilotos remotos deben asegurarse de que sus pequeñas aeronaves no tripuladas estén debidamente etiquetadas antes de realizar cualquier operación sobre personas. La ANAC creerá que el costo de agregar la información de etiquetado para la categoría para la cual el VANT pequeño es elegible para operar sería mínimo, dado que las aeronaves pequeñas no tripuladas generalmente vienen con una etiqueta que contiene información como el nombre del fabricante, número de serie y nombre o número del modelo. Si la etiqueta se ha desgastado debido al uso o la edad, el piloto a distancia podría cumplir con la regla usando un marcador permanente o grabando la categoría en el cuerpo de la pequeña aeronave no tripulada.

La regla requiere que un pequeño solicitante de VANT establezca y mantenga un proceso de notificación y soporte de productos para notificar al público y a la ANAC de cualquier problema de seguridad que haría que la aeronave no fuera elegible para operaciones sobre personas. La ANAC deberá creer que los fabricantes de pequeños VANTs tendrían un sistema de este tipo ya desarrollado y en funcionamiento para manejar sus garantías e informar a los usuarios de sus pequeños VANTs sobre nuevos desarrollos y nuevos productos que están trayendo a el mercado. Esta regla no requiere que el propietario de un VANT pequeño envíe una tarjeta de garantía o proporcione al fabricante cualquier información de contacto personal. Por lo tanto, la ANAC creerá que el costo de este requisito sería mínimo. La ANAC señalará que un solicitante podría ser un individuo que modifica un pequeño VANT y luego lo vende. De acuerdo con la regla, esta persona también debería tener un proceso de notificación y apoyo en su lugar. La ANAC preverá que este proceso se escalará a la producción, por lo que el individuo que vende una sola aeronave podría establecer un proceso a una escala mucho menor. Por ejemplo, el solicitante podría simplemente enviar un correo electrónico al propietario del pequeño VANT y avisarle de cualquier problema de seguridad. La ANAC también creerá que para un fabricante a pequeña escala o un modificador, el requisito de mantener un proceso de notificación y soporte del producto también resultaría en costos mínimos.

La regla requiere que los propietarios u operadores de pequeños VANTs emitan un certificado de aeronavegabilidad que operan bajo el CE-VANT para conservar registros de todo el mantenimiento realizado en su aeronave y registros que documenten el estado de las piezas con vida limitada, el cumplimiento de las directivas de aeronavegabilidad y el estado de inspección de la aeronave. Los registros deben conservarse durante el tiempo. <u>Este requisito solo afecta las operaciones</u>

realizadas bajo la Categoría 4 y resultaría en costos mínimos.

DECLARACIÓN DE CUMPLIMIENTO Y MEDIOS DE CUMPLIMIENTO

Resumen: La recolección de información aborda la presentación de la declaración de cumplimiento y los medios de cumplimiento a la ANAC con el propósito de demostrar que el pequeño VANT cumple con los estándares aplicables para operaciones de Categoría 2 y 3. También aborda el cumplimiento de los solicitantes con los requisitos de retención de registros asociados con la presentación de una justificación para establecer el cumplimiento.

La declaración de cumplimiento debe incluir la siguiente información:
- El nombre, la dirección física y la dirección de correo electrónico del solicitante.
- La marca y el modelo del VANT pequeño, y la serie, si corresponde, y el número de serie o rango de
- números seriales.
- Si la declaración de cumplimiento es una declaración inicial o una declaración enmendada, y si se modifica, el motivo de la nueva presentación.
- Un proceso para notificar a los clientes sobre las condiciones que podrían hacer que el pequeño VANT no sea elegible para operaciones sobre personas.
- Una certificación de que el solicitante ha demostrado que la pequeña aeronave no tripulada satisface los requisitos aplicables a través de un medio aceptado de cumplimiento y

permitirá a la administración inspeccionar sus instalaciones, datos técnicos y cualquier VANT pequeño fabricado.

Los medios de cumplimiento demuestran a través de pruebas, análisis o inspecciones que el VANT pequeño es elegible para operaciones de conformidad con la Categoría 2, 3 o ambas. El solicitante que presente los medios de cumplimiento debe incluir la siguiente información:
- El nombre de la persona o entidad que presenta los medios de cumplimiento, el nombre del principal punto de contacto para las comunicaciones con la ANAC, la dirección física, la dirección de correo electrónico y otra información de contacto.
- Una descripción detallada de los medios de cumplimiento.
- Una explicación de cómo los medios de cumplimiento establecen el logro de los requisitos identificados para aeronaves pequeñas no tripuladas de Categoría 2 y para aeronaves pequeñas no tripuladas de Categoría 3 aeronaves de modo que cualquier sistema de aeronaves pequeñas no tripuladas diseñado, producido o modificado de acuerdo con dichos medios de cumplimiento cumpla esos requisitos.
- Cualquier material de apoyo que la persona desee que la ANAC considere como parte de la solicitud.
- Un medio de cumplimiento presentado para su aceptación por la ANAC debe incluir procedimientos de prueba y validación para las personas responsables de la producción o modificación del sistema de aeronaves pequeñas no tripuladas de Categoría 2 o Categoría 3 para demostrar cómo el sistema de aeronaves pequeñas no tripuladas cumple los requisitos.

Uso: La ANAC utilizará la declaración de cumplimiento y los medios de cumplimiento para aceptar o no que el fabricante ha demostrado el cumplimiento de los requisitos aplicables a la Categoría 2, 3 o ambas operaciones.

INSTRUCCIONES DE FUNCIONAMIENTO DEL PILOTO REMOTO

Resumen: La recopilación de información aborda el mantenimiento de registros del fabricante asociado con el desarrollo y mantenimiento de instrucciones de operación de piloto remoto para pequeños VANT que operan sobre personas. Las instrucciones de funcionamiento del piloto remoto deben abordar, como mínimo, todo lo siguiente:

- Una descripción del sistema que incluya los pequeños componentes del VANT requeridos, cualquier limitación del sistema y la categoría o categorías declaradas de operación.
- Modificaciones que no cambiarán la capacidad del VANT pequeño para cumplir con los requisitos para la categoría o categorías de operación que el VANT pequeño es elegible para realizar.
- Instrucciones de cómo verificar y cambiar el modo o configuración de los pequeños VANT, si son variables.

Uso: Para operar una pequeña aeronave no tripulada de forma segura sobre personas, los pilotos remotos serían responsables de saber qué categoría de operaciones pueden realizar sus pequeños VANT y qué limitaciones técnicas y operativas se aplican a las operaciones. En consecuencia, esta regla requiere que los fabricantes proporcionen instrucciones de funcionamiento del piloto remoto con información específica del producto.

ETIQUETADO DE AERONAVES NO TRIPULADAS

Resumen: Debido a que un VANT pequeño podría estar calificado para realizar más de una categoría de operaciones sobre personas, esta regla requiere que los fabricantes etiqueten las aeronaves pequeñas no tripuladas con cada categoría de operaciones que el VANT pequeño puede realizar. Por ejemplo, un VANT pequeño que sea elegible para realizar operaciones de Categoría 2 y Categoría 3 se etiquetaría con ambas categorías, de la siguiente manera: "Cat. 2, 3" o "Categoría 2, 3". La etiqueta se puede pintar, grabar o pegar en la aeronave por algún otro medio permanente.

Uso: la etiqueta tiene dos propósitos. Para el piloto remoto, el propósito de la etiqueta es enumerar las categorías de operaciones sobre las personas que el VANT pequeño es elegible para realizar, como se indica en la declaración de cumplimiento del fabricante. El otro propósito de la etiqueta es que la VANT y las agencias de aplicación de la ley determinen si una operación es consistente con los requisitos del reglamento. El requisito de etiquetado ayudará a los pilotos remotos a saber qué categoría de operaciones puede realizar su pequeña aeronave no tripulada y qué limitaciones técnicas y operativas se aplican a las operaciones. El requisito de etiquetado también ayudará a la ANAC en su función de supervisión porque el etiquetado proporciona un medio eficiente para que un inspector evalúe si una operación es consistente con la categoría o categorías de operación que la pequeña aeronave no tripulada puede realizar. Debido a que las operaciones de Categoría 3 implican limitaciones operativas únicas, la etiqueta de las aeronaves pequeñas no tripuladas elegibles para realizar operaciones de Categoría 3 indicará a los pilotos remotos que deben adherirse a las limitaciones operativas aplicables.

REGISTROS DE MANTENIMIENTO

Resumen: Los propietarios de pequeños VANTs emitidos con un certificado de aeronavegabilidad deben conservar registros de todo el mantenimiento realizado en su aeronave y registros que documenten el estado de las piezas con vida limitada, el cumplimiento de las directivas de aeronavegabilidad y el estado de inspección de la aeronave. Los registros deben conservarse durante el tiempo especificado, y deben estar disponibles para la ANAC y el personal policial cuando lo soliciten.

Uso: Estos registros se utilizarán para validar que la aeronave se ha mantenido de manera que se asegure que permanece en condiciones aptas para ser operada sobre personas de acuerdo con la Categoría 4.

[1] Este análisis incluye ahorros cuantificados para la ANAC únicamente. Una variedad de otras entidades involucradas con las operaciones de aeropuertos, la seguridad de las instalaciones y la infraestructura y la aplicación de la ley también ahorrarían tiempo y recursos involucrados con identificación de aeronaves no tripuladas e informes, respuesta e investigación de incidentes.

[2] AIRA

[3] Visual Line of Sight: Línea de visión

[4] Unmanned aircraft system traffic management: Gestión del tráfico del sistema de aeronaves no tripuladas

[5] Espacios que deberán colocarse en distintos puntos del país para promulgar la comunidad de vuelo VANT seguro, legal y profesional.

[6] Sistema Nacional del Espacio Aéreo

[7] Organización de Aviación Civil Internacional

EPÍLOGO

Esta primera parte de propuesta, para la integración segura de los drones en el espacio aéreo, puede resultar compleja y dura en ciertos aspectos.

La realidad es que hemos llegado a este punto de requerir este tipo de medidas para, por un lado, hacer crecer y evolucionar la industria de los drones en Latinoamérica y de está manera lograr un crecimiento económico de la mano de las tendencias globales, por otro lado, se debe a la falta de cumplimiento de las normas aeronáuticas por parte de gran parte de la población a nivel nacional y regional.

Desde 2015, en Argentina, se cuenta con una regulación clara y concisa, con un trabajo realizado por la ANAC formidable, pero la problemática está en la responsabilidad individual del ciudadano que, muchas veces por voluntad propia y rebelde, elige no cumplir con la ley por preconceptos erróneos que debemos erradicar con concientización a gran escala y capacitación de las fuerzas de seguridad, para de esta manera tener a todos los actores de la sociedad involucrados en un mismo objetivo:

Integrar de forma segura los drones en el espacio aéreo

Si bien en este libro hablamos de ANAC (La entidad aeronáutica que se encarga de regular los drones en Argentina), es una propuesta para todo Latinoamérica que es de fácil adaptación a las legislaciones presentes en cada uno de los diferentes países, es una propuesta integral y extensa, que por supuesto implica nuevas normas que deben surgir para poder hacer de esta propuesta una solución completa a la mayor problemática que enfrenta Latinoamérica en lo que respecta a drones, la ilegalidad.

La ilegalidad junto a las normas de seguridad de vuelo, son los dos grandes factores a trabajar para luego continuar con otras medidas que fomenten la profesionalización y la facilidad para cumplir las regulaciones futuras.

En una lectura general, y sobre todo en la PARTE SEGUNDA, se aprecia una similitud muy fuerte con las regulaciones y propuestas que se plantean en Estados Unidos, es con un objetivo claro, y es el de empezar a homogeneizar el espacio aéreo nacional con las regulaciones y estándares internacionales, para de esta forma lograr poder trabajar en conjunto con todos los demás países, primero de la región y luego la mayoría de los involucrados en la OACI[7] para empezar no solo a integrar los drones en el espacio aéreo mundial, sino también empezar a permitir el crecimiento exponencial de esta industria, permitiendo la exportación e importación de productos y servicios afines a los drones que puedan generar nuevas relaciones comerciales y diplomáticas.

Los términos utilizados no son tampoco al azar y sin un objetivo claro, al contrario, la terminología aeronáutica y conceptual utilizada, en esta primera parte de la propuesta, es para enmarcar toda la iniciativa dentro de una regulación que pueda cumplir con las normas ya establecidas o por establecerse en los países dominantes, y así aceptar los procesos burocráticos con respecto a los drones en el espacio aéreo.

Se insiste en que el trabajo realizado por la ANAC desde 2015 es formidable y de una alta calidad y vanguardismo, pero ser pioneros no es suficiente para tener una ventaja, a veces debemos aprovechar nuestras habilidades para adaptarnos a los tiempos que corren y empezar a moldear poco a poco nuestro marco regulatorio a las terminologías internacionales.

Solo de esta forma lograremos la integración de los drones en el espacio aéreo, para al mismo tiempo terminar con los altos niveles de ilegalidad aérea en el país y la región, luego profesionalizando y aumentando las medidas de seguridad de los operadores que cumplen las normativas aeronáuticas. A la vez que empoderamos al ciudadano para brindarle herramientas útiles y de denuncia directa que permitan la rápido detección y penalización de operaciones aéreas ilegales.

www.ingramcontent.com/pod-product-compliance
Lightning Source LLC
Chambersburg PA
CBHW052347220526
45465CB00003BA/1003